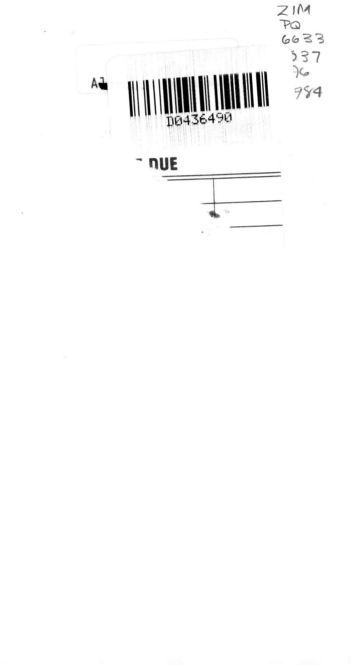

ZIM
PQ
6633
337
76
984

A

D0436490

DUE

EDAF

MADRID

ALEJANDRO CASONA

LA DAMA DEL ALBA
LA SIRENA VARADA
NUESTRA NATACHA

Prólogo de Mauro ARMIÑO

BIBLIOTECA EDAF
135

© Comunidad Hereditaria de Alejandro Casona.
© Edición de EDAF, Ediciones-Distribuciones, S. A.
Jorge Juan, 30. Madrid, 1984.
Por acuerdo con la Comunidad Hereditaria de
Alejandro Casona.

I. S. B. N. 84-7166-736-3

Depósito Legal: M. 18.371-1984

IMPRESO EN ESPAÑA   PRINTED IN SPAIN

Gráficas RUIMOR - Plaza María Pignatelli, 2 - Madrid - 28

ÍNDICE

Para ÁNGELES BLANCO y
FRANCISCO CAMPOS, por su
grata hospitalidad lucense.

PRÓLOGO

Las valoraciones de la crítica teatral y literaria sobre la obra de Alejandro Rodríguez Álvarez —nombre real de Alejandro Casona— podrían constituir un capítulo clave de un estudio consagrado al dramaturgo. Desde el sesgo de ideologías opuestas, Casona fue banderín de lucha por un lado, blanco de oprobios e insultos por otro, llegando, con el paso del tiempo y la evolución histórica de España, a convertirse aquel pasado banderín en deshilachados flecos de reproches por no asumir el dramaturgo, en su obra, la línea de los «nuevos escritores teatrales del realismo», que tejían sus dramas sobre la inmediata realidad española; y quienes lo utilizaron como blanco de insultos, y de calumnias incluso, al regreso del exilio elegido por Casona a poco de iniciada la guerra civil, le izaron rápidamente al altar de los clásicos, entre los calurosos aplausos de la clase media madrileña, para la que se repusieron las principales obras de Casona, ya superadas teatralmente en opinión de los «nuevos críticos». Lo que se denominó «festival Casona», ¿quería ser reparación postrera por los insultos pasados? Debió servirle de poco al autor que, agasajado y asumido por la crítica oficial, comprobaba el rechazo de la joven crítica que había impulsado a la generación dramática posterior a nuestro autor, a dramaturgos como Antonio Buero Vallejo y Alfonso Sastre, cabezas visibles del mejor teatro vivo representado —o no representado por prohibiciones— en las décadas posteriores a la contienda civil.

Adentrarnos por el terreno de las polémicas, de réplicas y contrarréplicas para el estudio del teatro casoniano, nos guiaría a un callejón sin salida que tendría por resultado discutir sobre teoría teatral, dejando fuera, precisamente, el núcleo de todo abordaje literario: la obra en sí. Por supuesto: toda obra tiene un entorno histórico, conlleva un cargamento ideológico concorde o disconforme con la vanguardia social o cultural. La evolución histórica puede afectar, hacer naufragar incluso, una obra que iniciada como réplica inconformista al teatro vigente, queda amarrada en posiciones superadas por los bandazos de la historia. Es, en parte, el caso del teatro casoniano si lo consideramos desde una perspectiva histórica y desde la evolución del teatro escrito en España desde el año treinta hasta el presente: su obra permanece fiel a sí misma, y por lo tanto anclada, mientras la historia del teatro seguía de cerca la realidad española de la que Casona se hallaba, física y literariamente, a muchas leguas, en su exilio bonaerense. (Tampoco es menos cierto el naufragio teatral de piezas poderosamente inmediatas que no han resistido los embates de la marcha social: el teatro de testimonio de Max Aub, prácticamente irrepresentable hoy; las piezas políticas de Rafael Alberti, con notorios fracasos de crítica y público en las reposiciones a finales de la década del 70 y los años 1980 y 1981; o incluso una obra de tanto vigor en su momento como *La camisa*, de Lauro Olmo, convertida ahora en pieza del museo teatral, que explica un momento histórico pero que resulta irrepresentable en nuestros días por la distancia a que nos hallamos de aquel problema y entorno.)

Por otro lado, las polémicas en torno a Casona hablan lenguajes distintos. Si la joven crítica exigía compromiso con la realidad, análisis de circunstancias, función social de la escena, y acusaban de escapismo al autor, éste replicaba:

«No soy *escapista* que cierra los ojos a la realidad circundante… Lo que ocurre es, sencillamente, que yo no considero sólo como realidad la angustia, la desesperación y el sexo. Creo que el sueño es otra realidad tan real como la vigilia.» *

Poner límites al término «realidad», eje, desde Hegel, de enfrentamientos de posiciones culturales distintas, y sus derivaciones múltiples en el campo del arte, es tarea que no cabe en los límites de este prólogo. Sí precisaré en cambio la cronología primera de las piezas de Casona, porque su obra no se mueve prácticamente de unos esquemas tanto ideológicos como técnicos que producían en 1933, fecha de su primera obra, *La sirena varada,* un teatro prometedor que se desprendía de las pautas anquilosadoras de Benavente y que, a diferencia de otros innovadores inmediatos (Azorín, Gómez de la Serna, Jacinto Grau incluso), buscaba una audiencia mayoritaria, igual que el teatro de Federico García Lorca o de Rafael Alberti, tratando de conjugar una forma escénica depurada de acarreos popularistas (en sus piezas más originales y mejores), con un pensamiento riguroso y a la vez comprensible, basado en temas universales cuya abstracción queda rebajada por una escenificación ágil. Ahí se sitúa el teatro de Casona, esperanzador en ese inicio por sus planteamientos.

Nada más abrir *La sirena varada* (premio Lope de Vega de 1933, estrenada en 1934), en las acotaciones escénicas encontramos algo consubstancial a gran parte del teatro de Casona; al diseñar el espacio donde va a desarrollarse la pieza, «un viejo caserón con vagos recuerdos de castillo», el dramaturgo exige a la decoración «una grata fantasía en el conjunto». Conjunto aislado de la vida real, refugio frente a una existencia externa presidida por la razón y el

* José Luis Cano, «Charla con Alejandro Casona», en *Insula,* 1961, página 5.

talento, que derivan de la experiencia; como en la mayoría de las piezas casonianas, el marco es una reunión de personajes en un mundo aparte (un reformatorio en *Nuestra Natacha*, una casa para suicidas en *Prohibido suicidarse en primavera*, la primera clase de un transatlántico en *Siete gritos en el mar*, etc.); un mundo aparte y cerrado del que los personajes terminarán por escapar, un desierto donde no funcionan normas de horarios ni reglas habituales de comportamiento; concretamente el de *La sirena varada* quiere ser una «república de hombres solos donde no existe el sentido común», como explica el creador de ese oasis de libertad, Ricardo, a don Florín, el médico familiar y representante de lo más odiado por quienes lo habitan: la razón, la experiencia, la disciplina. Ricardo, que encuentra que «la vida es aburrida y estúpida por falta de imaginación. Demasiada razón, demasiada disciplina en todo», ha creado ese asilo de imaginativos por el que deambulan: un pintor que, cansado de ver siempre los mismo colores se ha vendado los ojos para imaginar otros nuevos; don Joaquín, un pobre sin casa que para ocupar una tuvo que hacerse pasar por fantasma y ahora se ve obligado por Ricardo a proseguir con esa ficción que rechaza: es un fantasma que estornuda, al que le gustaría cultivar berzas y flores y al que le obligan a hacer de Napoleón y a «trabajar» de fantasma, a representar un papel en el mundo imaginativo, presuntamente libre, exigido por el dueño de la casa.

El criado de Ricardo define perfectamente a éste y su intento: «Como es joven y rico y lo ha andado todo, pues no sabe cómo pasar el rato.» Tal es el punto de partida: negación sistemática de la realidad, pretensión de crear un mundo autónomo presidido por la sinrazón. Ese asilo para huérfanos de sentido común, ¿supone una negación de la realidad, o una huida, una incapacidad para el enfrentamiento con lo vital debido al infantilismo de Ricardo? Él mismo habla de la tristeza, del desengaño del mundo. «No vaya a creer que finjo ilusionismos ahora para esconder una pena; folletines, no. Estoy alegremente desengañado, nada más. Es mi alma de niño que resucita.»

El propio protagonista va a ser castigado por la realidad, que le envía a Sirena, una mujer al margen de esa realidad, hecha de suavidades poéticas y de una capacidad imaginativa —por la locura— que se le escapa al protagonista. Cuando se enamora de ella, él mismo va rechazando esas fantasmagorías imaginativas con preguntas que buscan una base en la que asentar su amor. La verdad se le presenta brutalmente: Sirena es una enferma; su razón perturbada debería ser el ideal del mundo buscado anteriormente por Ricardo; pero ahora, cuando el sinsentido puede tocarse vivo con los dedos, comprende que no pueden darse en él ni existencia ni amor, y movido por éste busca el medio para devolver la razón a Sirena, para adentrar a la muchacha por el sendero de lo cotidiano. Las perturbadas facultades de Sirena lo están debido al trato anormal que ha sufrido: hija de un payaso, se convirtió en objeto de propiedad del dueño del circo, que la brutalizaba y golpeaba ante la impotencia cobarde del padre, paralizado por el terror a perder, si se oponía, trabajo y pan. Cuando Ricardo se entera, ya se ha iniciado el proceso de «vuelta a la realidad» de los personajes: el fantasma cultiva berzas y flores; don Florín —antes el despreciado defensor de la razón— es ahora el mentor que prescribe la conducta de los protagonistas, cuida de Sirena, trata de que Daniel se quite la venda simbólica enfrentándose a la verdad «por dura que sea», pues ya sabe que está ciego; y adoctrina a Ricardo para que viva en la razón y, si es preciso, en el dolor antes que en la huida. Así preparado, Ricardo va a conocer la verdad entera: el hijo que Sirena va a tener no es suyo, «es de todos los canallas que hicieron banquete de tu locura». Cuando Pipo, el dueño del circo, se presenta para venderle a Sirena, se enfrenta a él, y, ante la brutalidad de los hechos, retrocede en su planteamiento: don Florín, y los demás, «querían engañarte, devolverte a la conciencia de una vida encanallada y sucia», le dice a Sirena. Ahora su decisión es de franca huida de la realidad, hasta el punto de proponerle a Sirena:

> «Volveremos al mar cuando tú quieras. Tengo una barca mía... Iremos a nuestra casa del fondo»,

lo cual, en el sistema simbólico de la pieza, significa el suicidio. Es Sirena entonces quien, a la luz de su media razón y conmocionada por los aletazos del hijo en su vientre, decide por los dos la vida, la realidad.

Estos esquemas escénicos e ideológicos serán la dominante de las mejores piezas de Casona: rechazo de un mundo sucio, aislamiento de los personajes, intento de evasión que se resuelve —siempre gracias al amor— en una reinserción en la realidad para mejorarla desde un plano pura y estrictamente individual.

La segunda pieza casoniana, *Otra vez el Diablo*, «cuento de miedo en tres jornadas y un amanecer», estrenada el 26 de abril de 1935, no tiene la profundidad de *La sirena varada:* el juego cómico, la ironía, el mundo irreal de cuento casi infantil con reyes barrigones, princesas deliciosas, estudiante español que pretende el trono y bandidos de pega hacen que convenga calificar la pieza de cuento de hadas; la varita mágica que da opción a la materialización del sueño no está en manos de un hada, sino de un Diablo humorista y burlón que ha decidido hacer una buena acción (como en *La dama del alba* la Muerte, como en *La barca sin pescador* el Diablo, estos personajes tradicionalmente perversos y vistos desde perspectivas dramáticas si no trágicas se convierten aquí en factor de buenas obras.) El problema planteado —mejor

sería decir problema cómico, de comedieta— resulta más
trivial aún por la solución grandilocuente y pretendida-
mente moral del desenlace: el estudiante —como Ricardo
Jordán, de *La barca sin pescador*— consigue dominarse y
pasar una noche al lado de la infantina sin dar rienda suelta
a sus instintos sexuales, tras lo cual:

> «Yo he matado al Diablo [...]. Se enroscaba a mi carne
> como una serpiente, luchamos hasta el amanecer. ¡Pude
> yo más!»

Como se verá, es la misma solución que plantea en *La
barca sin pescador,* que cito más adelante.

A cuento de esta pieza —y de *La barca*— se ha reprochado a Casona la utilización moralista del diablo. Francisco Ruiz Remón atina al ver la falla de esas dos piezas en
la superstición «sin armonizarse estéticamente, [d]el tratamiento inteligente e irónico, de raíz intelectual y poética
a la vez, del Diablo y [de] la significación moral, de
pedagogía espiritual, que al tema se le da al final de ambas
piezas». Abundando en esa dirección, diría más de *Otra
vez el Diablo*: se trata de un juego escénico infantil, de
entretenimiento, logrado en cuanto a movilidad escénica
y gracia de las partes, pero fallido en cuanto obra como
tal; en su conjunto no parece proponer otra cosa que una
sucesión de escenas más o menos gráciles e irónicas, que
no logran soldar ningún tema de los que Casona pretende
usualmente profundidad: de ahí que se trate de una comedieta fácil y agradable, de pasatiempo, en última instancia
fallida.

El siguiente estreno de Casona, *Nuestra Natacha* (Madrid, 1936), fue un gran éxito de público, que continuó
siempre que la obra se repuso en escena. *Nuestra Natacha*
contenía frases que, sacadas de su contexto y en el ambiente histórico español del estreno, no podían dejar de
convertirse en resonador de ideas políticas. Pero el propio

autor, a treinta y seis años de distancia del estreno, haría justicia a los méritos y deméritos de esa obra:

«De *Nuestra Natacha* se han escrito muchas tonterías, se han hecho bandera de acá y allá. ¡No es bandera!... era simplemente una obra joven, llena de fe. Quizá un poco evangélica, un poco inocente, un poco romántica, pero de cosas muy auténticas y verdaderas; donde está el teatro de los estudiantes, la residencia, los problemas de la coeducación, esas especies de penitenciarías que eran los reformatorios... ¡En fin! Todo ello estaba hecho con un nobilísimo afán, no de hacer demagogia ni buscar ovaciones, sino de tocar una llaga de la pedagogía española, que es evidente que estaba al alcance de todo el mundo y nadie había tocado.*»

Nuestra Natacha tiene un claro fondo doctrinal: la reforma de la pedagogía española, anclada en métodos anticuados que tenían por base el autoritarismo y la dureza; para ello Casona construye una pieza idílica, —tan idílica que en el tercer acto nos encontramos a todos los protagonistas en una comuna campestre haciendo vida geórgica, con trigos sembrados por sus propias manos, harina molida también por ellas, y pan cocido en un horno rústico calentado por leña que ellos mismos han cortado, etc.** Hay dos planos claros en la pieza —dis-

---

* Entrevista con Marino Gómez Santos, en el diario «Pueblo», 16 de agosto de 1962.

** Es constante en Casona la exaltación de este mundo tranquilo, campesino o de pescadores, antiguo y transido de calma, donde el trabajo propio, el trabajo de las manos para todas las necesidades cotidianas —desde la cocción del pan hasta la barca ganada a pulso, o el directo contacto con los animales domésticos que constituyen la riqueza, no sólo exterior, sino también íntima, de los personajes—, es valorado como única salida frente a la vida sucedánea del mundo moderno, en el que el hombre no tiene contacto directo con esos elementos vitales. Su

yuntiva frecuente en Casona: un mundo reprobable, que de hecho aparece en el segundo acto, el del reformatorio autoritario y traumático—, y otro excesivamente rosa, como el propio autor reconoce, en el que, entre otras locuras de jóvenes estudiantes, Casona va poniendo en sus bocas ideas que entroncan nítidamente con el núcleo más denso de su ideología: la necesidad de una existencia nueva, de un contacto directo con la vida, encarnada por Lalo, el estudiante bullanguero y juguetón, pariente de los estudiantes de *La casa de la Troya*, de Pérez Lugín, que se opone a la existencia teórica, intelectualizada, del resto de sus compañeros:

> «Yo lo que quiero es beberme hasta el último trago de mi juventud. Estudiar no basta; hay que vivir. ¿y qué vivís vosotros? Libros, conferencias, traducir revistas profesionales. Hala, de prisa, a terminar la carrera. Sólo veis el mundo por esa ventana. Pero la vida es más ancha; si le volvéis la espalda ahora, ¡pobre juventud la vuestra!»

Mas esta postura de Lalo, avalada por continuos suspensos y repeticiones de cursos, tiene una crítica semejante a la que el criado hacía de la búsqueda de la fantasía de Ricardo en *La sirena varada*: «No has terminado [los estudios] porque no quieres. Tú eres rico y puedes pagarte el lujo de estudiar eternamente.»

Las frases de Lalo suenan a *boutades* graciosas que rompen con el mundo circundante: como Ricardo, está pidiendo sorpresas, fracasos para sentir la emoción del fracaso; y lo que el personaje pensante, encarnación del

exaltación aparece en todas las mejores obras de Casona, desde *La dama del alba* a *La barca sin pescador*, desde el abeto que hay en el barco de *Siete gritos en el mar* —una rama arrancada del abeto inmemorial que «vive» en el jardín de uno de los personajes, etc.—, hasta los parlamentos de Genoveva en *La casa de los siete balcones*.

meollo idológico que Casona insume en la pieza, Natacha, exige, es:

> «Usted podría ser una fuerza desorientada, pero es una fuerza. ¿Por qué no le busca un cauce social a esa alegría, a esa fe en la vida que le desborda siempre?»

Y en otra conversación, Natacha vuelve a poner de relieve la responsabilidad social de la existencia del individuo: «Vivir es trabajar para el mundo.» El resto de la pieza, con su movimiento escénico, no es sino una ejemplificación de la vida individual entregada al trabajo social y a la creación de una existencia nueva donde todo sea alegría, libertad, comprensión de los demás, amor. De este modo la obra se desliza hacia un desenlace lleno de emociones satisfechas en los protagonistas, a quienes no tensa un núcleo dramático sino la afirmación de un programa vital propio, individual, pero volcado hacia el entorno. Se le ha reprochado en ocasiones la ingenuidad de estos planteamientos, la candidez de esos personajes positivos y reformistas, al tiempo que la mayoría de la crítica da muestras de apreciar la fluida escenificación.

Con *Prohibido suicidarse en primavera* (México, 12 de junio de 1937) vuelve Casona al tipo de teatro de *La sirena varada,* en el que parecen enfrentarse fantasía y realidad. Nuevamente tenemos un ámbito cerrado que habitan excentricidades humanas con matices que pertenecen más al mundo de la comedia reflexiva que al drama trágico, pese a que la muerte está inscrita en cada minuto de la pieza: el sanatorio para suicidas fundado por el doctor Ariel, pese al rótulo de la entrada no es una invitación al suicidio, sino un compás de espera para animosos suicidas que desisten ante las facilidades que se les ofrecen; personajes levemente excéntricos, más teatrales que encarnaciones de ideas, desde la mujer madura al filósofo enamorado, desde la joven que no puede soportar la soledad (este mismo personaje de joven sola salvada del suicidio es una constante de Casona: aparece en *Los árboles mueren de pie* y en *Siete gritos en el mar,* aunque en estas piezas con un tratamiento más profundo) a la vieja actriz de ópera en la pendiente de su carrera, esos buscadores de suicidio son anécdotas de escasa entidad teatral, puestos para servir de ropaje a un núcleo de mayor densidad dramática: el enfrentamiento de dos hermanos: uno de ellos se siente desposeído por el otro: infeliz frente al feliz, perdedor frente al ganador que es huésped accidental del sanatorio: en una excursión con su mujer va a parar a la «posada» del doctor Roda, gerente de esa especie de trampolín de lanzamiento hacia la belleza de la vida que es el sanatorio. Y precisamente el único intento de suicidio serio se produce —como en *La sirena varada* la locura real de Sirena hace abandonar a Ricardo sus búsquedas literarias de la locura— en Chole, manzana de la discordia entre los dos hermanos, y que, junto con su marido, se encuentra en el asilo casualmente. De nuevo la trama está puesta al servicio de esa prédica casoniana en favor de la vida, de la felicidad, del amor, con un beatífico desenlace que, por necesidad, acaba con la existencia de ese sanatorio de suicidas.

Tras este canto de dicha vital, las tres obras siguientes de Casona, *Romance en tres noches* (Caracas, 1938), *Sinfonía inacabada* (Montevideo, 1940) y *Las tres perfectas casadas* (Buenos Aires), ofrecen un interés relativo: así, *Sinfonía inacabada* no es sino la escenificación de un pasaje de la vida de Schubert, con un amor romántico y reivindicaciones de la libertad del creador, mientras que *Las tres perfectas casadas* parten de un cuento de Schnitzler, «La muerte del solterón». Corresponden, como luego *La molinera de Arcos* o *Corona de amor y muerte*, a

19

una serie de piezas que pueden calificarse de recreaciones casonianas, de adaptaciones a escena de ideas ajenas, que el autor hace con sabiduría de tablas, pero a las que no aporta las constantes de su universo creativo.

A ese mundo volvemos con las dos obras siguientes: *La dama del alba* y *La barca sin pescador*. La primera de esas piezas, estrenada en 1944, nos remite a un mundo de fábula, de poema legendario fuertemente arraigado en la tierra natal, Asturias, del dramaturgo, que aprovecha leyendas locales de profunda estirpe poemática; así, entroncado con la mejor tradición romántica —en concreto con Bécquer y las alucinaciones de sus leyendas fluviales, en las que el agua puede atraer de modo irresistible o contener una ciudad bajo ella—, Casona construye una pieza en la que hay: elementos rurales de apego a la tierra en concordancia con ese ansiado mundo de paz típico de Casona, que se vale del lenguaje para su poetización; elementos tradicionales y legendarios que constituyen el núcleo dramático, como esa presencia viva de la Muerte, en la Peregrina; y elementos de ambientación para la leyenda, como esos personajes centrales entre cuyas manos se desgrana el viejo mito de la muerte en escena. En el fondo la trama es de una sencillez elemental: el malcasado que ve a su mujer escapar con otro, deja correr el rumor de su muerte en el río, que no es la primera mujer que devora y en cuyo fondo, según la leyenda, hay una ciudad sumergida. Y cuando aparece una nueva mujer en su vida, el malcasado se debate entre el amor y esa realidad —su mujer no ha muerto— que hace imposible la unión con Adela. Sólo el mito salvará el desenlace. La Peregrina está citada con una vida en el río, y convencerá a la mujer pródiga que vuelve para que ocupe el puesto que ya le otorgaba la realidad popular: Angélica, destrozada por el error de la escapada, cansada de dar tumbos, reclina para siempre su fatiga en las aguas, y la tradición se materializa. Las dimensiones plenas de *La dama del alba* están ahí, en

a poetización estilizada de los elementos, a lo que ayudan
un lenguaje escogido y sembrado de metáforas y los movimientos de coro del pueblo en fiesta, que recuerdan elementos cancioneriles del teatro popular de Lope de Vega,
por ejemplo, y, sobre todo y más cercano en el tiempo, a
García Lorca: es el poeta granadino el que planea sobre *La
dama del alba:* por ejemplo, en ese símbolo de la Peregrina
(la Muerte que en Casona, como el Diablo, está hu-
manizada con valores positivos: trata de resolver conflic-
tos), en el movimiento de los coros festeros y los mozos y
mozas cantando la popular fiesta de San Juan, y, sobre
todo, en el lenguaje metafórico, para expresar el ambiente rural y los sentimientos. *La dama del alba*, la obra pre-
ferida del autor, está fuera de la lucha ideológica, ya apun-
tada como clave en Casona, que interpreta realidad y
sueño: aquí no se enfrentan, sino que se materializan al
través de la leyenda: mito y realidad ayudan a cumplirse
mutuamente sin tratar de afirmar tesis o antítesis.

No ocurre lo mismo con *La barca sin pescador*, estrenada en Buenos Aires en 1945, y presidida por dos citas,
de Rousseau y de Eça de Queiroz, que realmente constituyen el eje de la trama:

> «En el más remoto confín de la China vive un Mandarín
> inmensamente rico, al que nunca hemos visto y del cual ni
> siquiera hemos oído hablar. Si pudiéramos heredar su for-
> tuna, y para hacerle morir bastara con apretar un botón
> sin que nadie lo supiese… ¿quién de nosotros no apreta-
> ría ese botón?»

La cita de Eça de Queiroz es prácticamente el motor de
la segunda parte:

> «Después me asaltó una amargura mayor. Empecé a
> pensar que el Mandarín tendría una numerosa familia que,
> despojada de la herencia que yo consumía en platos de

21

Sèvres, iría atravesando todos los infiernos tradicionales de la miseria humana: los días sin arroz, el cuerpo sin abrigo, la limosna negada...»

Dos mundos son los que se enfrentan: el complicado de las finanzas moderno, hecho de falsedad, hipocresía y mal amor —como muestra el primer acto—, y el mundo sencillo de pescadores, en que el hombre se realiza en su trabajo directo, en contacto con la naturaleza que, si a veces agrede, es el único ambiente posible para el ser humano. Entre ambos mundos va a jugarse la partida: por un lado al Diablo tentador, por otro Ricardo, el financiero cargado de triunfos —y de víctimas— que accede, para salvarse de la bancarrota, al crimen: un crimen sin sangre que de hecho no es otra cosa que la voluntad de matar: lo que sería desde el punto de vista cristiano el pecado de pensamiento. Casona no lo plantea en el terreno religioso, sino en el de una ética civil, de una moral humana que prohíbe el asesinato de un semejante y una vez cometido incide con su carga de remordimiento sobre el hombre. Cuando, como en el teatro más decimonónico, Ricardo firma el acta del Diablo, en un remoto confín del universo un hombre muere: el viento de borrasca y una mano homicida lo empujan por un desfiladero mientras resuena el grito angustiado de la esposa que ha contemplado la escena: también Ricardo: los poderes diabólicos le han hecho espectador de ese trozo de realidad, que con su firma asume, como si se tratara de la proyección de una película. Su fortuna queda a salvo, su prestigio como bolsista y jugador financiero crece, pero en los oídos lleva ese grito de mujer que le empujará —cumpliendo con el tradicional lema de que el asesino siempre vuelve guiado por el remordimiento— al escenario de su acción; y allí encuentra una realidad dolida, una existencia sencilla, hecha de pan casero, aromas silvestres en las sábanas y amor, en la que Ricardo Jordán decidirá que-

darse para siempre, abandonando el mundo de la alta
finanza. Pero Casona había sacado a las tablas un símbolo: el del Diablo, que aquí encarna las raíces del mal en
el hombre. Y ese símbolo reaparece en la última escena
para resolver —con su moraleja doctrinal— el problema.
No fue Ricardo quien mató con sus manos, sino otro
pescador envidioso. Hubo un asesinato real, no cometido
por él, y otro, cometido por la voluntad de Jordán: el
Diablo —la conciencia del ser humano— pasa su factura.
Con un ardid de palabras —al fin y al cabo, en la primera
entrevista en que se cometió el crimen sólo hubo palabras—, el personaje decide cumplir su promesa de matar a
un hombre sin sangre, y saldar su deuda: ese hombre será
el mismo «que firmó ese papel»:

> «¿Recuerdas el día en que llegaste a mi despacho? Allí
> encontraste a un cobarde dispuesto a cualquier crimen con
> tal de no presenciarlo. Un cómodo traficante de sudor
> ajeno. Un hombre capaz de arrojar al mar cosechas ente-
> ras sin pensar en el hambre de los que las producen.
> Contra ése estoy luchando desde que llegué aquí; contra
> ése lucharé ya toda mi vida. Y el día que no quede en mi
> alma ni un solo rastro de lo que fue, ese día Ricardo
> Jordán habrá matado a Ricardo Jordán. ¡Sin sangre! ¡Ya
> estamos los dos en el mundo de la voluntad!»

La intromisión del Diablo en la escena no alcanza la
perfección de juego escénico que posee la Peregrina en *La
dama del alba*. Casona ha forzado el mensaje doctrinal
mediante ese personaje escénicamente endeble. Por otro
lado, la redención de Ricardo Jordán —redención gracias
al amor— se opera de modo individual, mediante el apar-
tamiento de un mundo corrompido, del mundo moderno
simbolizado en la escena por el de las finanzas. Algunos
críticos, haciendo hincapié en este aspecto —la conversión
del hombre viejo en hombre nuevo sin pagar los crímenes

23

del anterior—, acusa a *La barca sin pescador* de teatro escapista, por no dar una respuesta a los problemas que plantea el primer acto: la corrupción y los crímenes de un mundo que crea miles de víctimas para existir en la riqueza. Pero lo cierto es que el teatro de Casona no puede considerarse desde un punto de vista de respuesta social a problemas genéricos, porque no lo es: Casona, a lo largo de todo su teatro, opera con individuos, tratando de crear en el espectador un revulsivo ético que tiene sus bases en la moral occidental y en los mandamientos cristianos laicizados; es más, sus obras podrían considerarse desde una perspectiva de *autos*, no sacramentales, pero cargados de enfrentamientos entre virtudes y pecados capitales, dentro de la más depurada concepción evangelizadora. De ahí esa sensación que el lector o espectador posee a veces de hallarse en una clase de teología sin *theos*, en una clase de antropología filosofal a pequeña escala. Sus ejemplos éticos no son sociales sino individuales abstractos, y sus individuos escénicos no poseen la fuerza suficiente para cargar sobre sus espaldas un mito representativo, el *epos* de una comunidad. Ejemplificación de esa labor casoniana puede ser la obra siguiente, si dejamos a un lado una graciosa obra menor, *La molinera de Arcos*, que no es otra cosa que una fresca y libre estilización, llena de agilidad y de tablas, basada en *El sombrero de tres picos*, de Pedro Antonio de Alarcón (estrenada en 1947).

Me refiero a *Los árboles mueren de pie* (1849); y digo ejemplificación porque la labor que un nuevo club de misiones estrambóticas realiza ya no es la de refrenar suicidas; se trata de una asociación cuyo objetivo es hacer que la risa aflore a los labios de personas aplastadas bajo el peso de la desgracia, o bajo otras cargas más ligeras. Casona no plantea la aniquilación de estructuras que permiten ese mundo, sino que busca la sonrisa en la persona que ha caído bajo él; las actuaciones de sus miembros están dirigidas a suscitar en los marineros de un barco noruego la emoción de su tierra al oír, a su llegada a puerto extraño, a un experto en idiomas cantar en el muelle algún aire de su país; impedir que se suicide una joven a la que han visto comprar veronal; hacer que un juez no firme una sentencia de muerte por oír cantar a un ruiseñor, magistralmente imitado por uno de los miembros de la asociación. Esta endeble ingerencia de la fantasía en la vida lógica puede parecer un incipiente rasgo del teatro del absurdo: pero no es así: se trata más bien de juegos teatrales de relativa credibilidad para adentrarnos en un tema en el que de nuevo se confunden realidad y fantasía: la muerte (que luego se demostrará falsa) de su nieto hace que el señor Balboa pida ayuda a la institución, que envía los personajes requeridos: una pareja ha de representar los papeles supuestos de los nietos, mientras en ellos va creciendo el amor gracias a ese contacto. La abuela engañada revive de alegría, y cuando aparece el auténtico nieto, exigiendo dinero a cambio de no matarla con la verdad de una existencia encanallada y criminal, es la anciana la que se enfrenta a él para rechazar esa realidad y asumir la escénica: una realidad ideal y fantasiosa, que no sólo ayuda a la anciana sino que además ha generado otras secuelas: la pareja que formaban el falso nieto y su supuesta esposa alcanza a través de esa convivencia casi marital el estadio del amor.

En comparación con *La sirena varada* y *Prohibido suicidarse en primavera*, la conclusión de *Los árboles mueren de pie* es distinta: allí era la aceptación de la realidad lo que constituía el desenlace y la sensación de vivir plenamente la existencia; aquí, sin embargo, al menos en el personaje de la abuela, hay un rechazo de la realidad por excesivamente brutal y una aceptación de la fantasía con que se quiere sustituir aquélla: la abuela asume la dura verdad, forma un juicio, la rechaza y, después de desgarrarse en ella, opta por dejar que la fantasía siga su curso: es la abuela quien finge y miente

25

ahora a los falsos nietos para que no sepan que descubri‹
la verdad y ellos puedan continuar la existencia de amo›
que gracias a su acción caritativa con la abuela han ini
ciado.

La llave en el desván (Buenos Aires, 1951) y *Siete grito*
en el mar (Buenos Aires, 1952) tienen en común el sueño
como eje de la acción. En la primera, a través de un sueño
se busca no sólo el pasado (la madre infiel del protagonist‹
fue muerta por el padre, que a continuación se suicidó)
sino también las consecuencias futuras, dado que el per
sonaje tiene el mismo problema que su padre: una espos‹
infiel, a la que, como su padre, terminará matando.

Siete gritos en el mar es una pieza mayor, con grande›
pretensiones dramáticas y simbólicas: un buque, con su
cargamento de pasajeros, navega por última vez: es la cabeza de turco de una jugada bélica y el capitán recibe l‹
orden de sacrificarse y sacrificar al pasaje: la muerte par‹
todos tardará poco: el capitán reúne a los siete pasajeros
de primera clase, siete culpables, y les anuncia la noticia,
que provoca distintas reacciones: el engreído multimillo-
nario que se ha enriquecido con el negocio de las armas;
un barón con su presunta esposa, que tiene un oscuro
pasado de ramera; una muchacha solitaria que pretende el
suicidio; otra pareja destrozada, en la que el marido se da
al alcohol mientras la esposa es la amante del multimillo-
nario del armamento; un profesor sardónico y burlón,
que siembra constantemente la amargura con sus palabras
mordaces y ofensivas; y por último, un periodista que ha
de actuar como testigo: la proximidad de la muerte acelera
en todos el pulso vital, convirtiendo sus últimas horas en
confesiones, en un brutal juego de la verdad que salvará a
unos y hundirá a otros: en esa nave, que recuerda la
medieval «nave de los locos», están representadas distintas clases, distintos estamentos sociales, con sus egoísmos
y sus intereses particulares que priman sobre los colecti-
vos; y también, en el fondo de la cala, amontonados como

borregos, los emigrantes de tercera clase, que Harrison, el comerciante de armas, pretende usar como carne de cañón para hacerse con el barco y salvar la vida desbaratando el plan militar; el juego psicológico de los siete personajes es de un ácido realismo en el que Casona ha ido insertando todas sus mejores argucias teatrales, las más efectivas de cara al espectador, hasta tejer una tensión dramática insoslayable. Cada frase, cada gesto, va haciendo crecer la crispación personal y general de los siete condenados a muerte sabedores de su condena; y junto a la búsqueda de salida individual está, irritando los caracteres, esa «muerte en común» que desespera más todavía porque entre sí los personajes, el profesor sobre todo, se excitan con ácidas frases. La tensión se desvanece de pronto: la realidad teatral ha sido un sueño de Santillana, el periodista: un sueño de premonición que le ha permitido descubrir a sus compañeros de navegación. Y una vez despierto, la acción, sin la amenaza de la guerra, continúa; o mejor, empieza el viaje. Se han buscado simbolismos a la pieza mediante interpretaciones a todas luces excesivas, o al menos no perfectamente encajables en la acción dramática. Para Rodríguez Richart, por ejemplo, «el barco puede representar el mundo, todos sus ocupantes a la Humanidad entera, y los pasajeros de lujo ("la aristocracia negra") a la humanidad culpable o, si se quiere, a los siete pecados capitales.»

Pero ya decimos que esos simbolismos no se completan en sus encarnaciones ni tienen capacidad para elevarlos a la categoría de mitos; deben considerarse más como encarnaciones individuales de defectos o errores humanos: casos, más que arquetipos.

En realidad, *Siete gritos en el mar* es la última gran obra de Casona: sus títulos posteriores apenas si aportan otra cosa que el sutil —cada vez más— juego escénico: en *La tercera palabra* jugará con un viejo tema literario castellano: el buen salvaje y la representante del mundo civili-

zado, de la cultura, terminarán uniéndose a través de
fruto del amor. *Corona de amor y muerte* (Buenos Aires
1955) es una nueva investigación sobre un tema predilecto
de la dramaturgia del XVII castellano, los amores de Inés
de Castro, la «reina muerta» de Portugal. *La casa de lo.
siete balcones* (Buenos Aires, 1957) escenifica nuevamente
la Asturias rural de *La dama del alba*, con un sentido
totalmente poético, y un personaje, Genoveva, que
quizá sea el carácter femenino más logrado del dramaturgo; con él Casona logra acercarse en algunos momen-
tos a la protagonista de uno de los dramas mayores de
siglo XX, en cuanto a profundización en el sentido de lo
humano: *La loca de Chaillot*, de Giraudoux. Y por fin, l.
obra de su regreso a España, *El caballero de las espuelas de
oro* (Madrid, 1964), dramatización de una existencia literaria: la de Quevedo, el gran poeta que se enfrentó a
medio incluso cuando jugó a adentrarse en él, poniendo
siempre por delante su incorruptibilidad, que le convierte
en ejemplo a seguir por los vivos, según el mensaje de
dramaturgo. Pero *El caballero de las espuelas de oro*
especie de testamento de un Casona que regresaba de
exilio, de lección magistral del autor antes de su muerte
de legado y mensaje, se ve forzada, como pieza, a cumplir
unos requisitos históricos y de ambientación que la rele-
gan como obra creativa a un segundo plano, por es.
sumisión que Casona ha de aceptar ante las obligacione:
de historia y ambiente.

Ese es, en resumen, el teatro de Casona *: un teatro

---

* Para completar su ficha bibliográfica habría que citar adaptaciones
como *Carta de una desconocida*, refundiciones del teatro español *(E.
anzuelo de Fenisa, Peribáñez,* de Lope de Vega; *El burlador de Sevilla,*
de Tirso; *La Celestina,* de Rojas; *El sueño de una noche de verano,* de
Shakespeare, y las piezas cortas escritas para el Teatro del Pueblo o Am-
bulante, de cuya dirección se hizo cargo en 1931 Casona, y que forman
el *Retablo jovial: Sancho Panza en la ínsula; Entremés del mancebo que
casó con mujer brava; Farsa del cornudo apaleado; Fablilla del secreto*

polémico, con piezas brillantes en el momento del estreno que, si obtuvieron éxito ante el público en las reposiciones, dejan notar excesivamente la corrosión del tiempo para el gusto de la crítica. Lo que no puede dudarse es que el teatro de Casona jugó un papel en la lucha contra el naturalismo en la escena, al lado de Valle Inclán y de García Lorca, en los años primeros de la tercera década; luego, Casona, trasterrado, fuera de su sociedad, hubo de apoyarse, según confesión propia, «en lo que es permanente y universal en el hombre». Y así, giró sobre temas abstractos, perfilando tramas y rematando caracteres, profundizando el lenguaje poético en obras como *La dama del alba* y *La casa de los siete balcones*, que suponen el punto extremo de ese tipo de teatro en la postguerra española. En cuanto al futuro de este conjunto de obras, ahora que sobre Casona se vuelcan los estudios eruditos, está asegurado: si no en la escena, en los libros y estudios sus personajes alcanzarán el grosor justo, el que les pertenece, sin estar hinchados por unas u otras circunstancias, ni por la exaltación excesiva, ni por el ataque destructor: a la busca del lugar exacto que ocupa en el teatro español del siglo XX.

Mauro ARMIÑO
Lugo, agosto de 1981.

---

bien guardado; Farsa y justicia del corregidor; además de piezas infantiles como *El lindo don Gato* y *¡A Belén, pastores!* Por último, hay que citar la pieza *Marie Curie,* escrita en colaboración con Francisco Madrid (La Habana, 1940).

BIBLIOGRAFÍA DE ALEJANDRO CASONA *

a) Obras

La sirena varada, Madrid, 1934.
Otra vez el diablo, Madrid, 1935.
Nuestra Natacha, Madrid, 1936.
Prohibido suicidarse en primavera, México, 1937.
Romance en tres noches, Caracas, 1938.
Sinfonía inacabada, Montevideo, 1940.
Las tres perfectas casadas, Buenos Aires, 1941.
La dama del alba, Buenos Aires, 1944.
La barca sin pescador, Buenos Aires, 1945.
La molinera de Arcos, Buenos Aires, 1947.
Los árboles mueren de pie, Buenos Aires, 1949.
La llave en el desván, Buenos Aires, 1951.
Siete gritos en el mar, Buenos Aires, 1952.
La tercera palabra, Buenos Aires, 1953.
Corona de amor y muerte, Buenos Aires, 1955.
La casa de los siete balcones, Buenos Aires, 1957.
Tres diamantes y una mujer, Buenos Aires, 1961.
El caballero de las espuelas de oro, Madrid, 1964.

b) Estudios

J. RODRÍGUEZ RICHART, *Vida y teatro de Alejandro Casona*, Oviedo, 1963.

Esperanza GURZA, *La realidad caleidoscópica de Alejandro Casona*, Oviedo, 1968.

Federico Carlos SAINZ DE ROBLES, «Prólogo» a *Obras completas*, de Alejandro Casona, Madrid, 1954.

* La fecha es la de su estreno, en la ciudad citada.

José A. Balseiro y J. Riis Owre, «Introduction» a la edición de *La barca sin pescador,* New York, 1960.

Juan Rodríguez Castellanos, «Introduction» a la edición de *Los árboles mueren de pie,* New York, 1961.

H. Leighton, «Alejandro Casona and the significance of Dreams», en *Hispania,* XLIV, 1962, pp. 697-703.

LA DAMA DEL ALBA

RETABLO EN CUATRO ACTOS

A mi tierra de Asturias: a su paisaje, a sus hombres, a su espíritu.

PERSONAJES

LA PEREGRINA
TELVA
LA MADRE
ADELA
LA HIJA
DORINA (niña)
SANJUANERA 1.ª
SANJUANERA 2.ª
SANJUANERA 3.ª
SANJUANERA 4.ª
EL ABUELO
MARTÍN DE NARCÉS
QUICO EL DEL MOLINO
ANDRÉS (niño)
FALÍN (niño)
MOZO 1.º
MOZO 2.º
MOZO 3.º

Esta obra fue estrenada en el Teatro Avenida de Buenos Aires, el 3 de noviembre de 1944, por la compañía de Margarita Xirgu.

ACTO PRIMERO

En un lugar de las Asturias de España. Sin tiempo. Planta baja de una casa de labranza que trasluce limpio bienestar. Sólida arquitectura de piedra encalada y maderas nobles. Al fondo amplio portón y ventana sobre el campo. A la derecha arranque de escalera que conduce a las habitaciones altas, y en primer término del mismo lado salida al corral. A la izquierda, entrada a la cocina, y en primer término la gran chimenea de leña ornada en lejas y vasares con lozas campesinas y el rebrillo rojo y ocre de los cobres. Apoyada en la pared del fondo una guadaña. Rústicos muebles de nogal y un viejo reloj de pared. Sobre el suelo, gruesas esteras de soga. Es de noche. Luz de quinqué.

La Madre, el Abuelo y los tres nietos (Andrés, Dorina y Falín) terminan de cenar. Telva, vieja criada, atiende a la mesa.

ABUELO *(Partiendo el pan.)*—Todavía está caliente la hogaza. Huele a ginesta en flor.

TELVA.—Ginesta y sarmiento seco; no hay leña mejor para caldear el horno. ¿Y qué me dice de este color de oro? Es el último candeal de la solana.

ABUELO.—La harina es buena, pero tú la ayudas. Tienes unas manos pensadas por Dios para hacer pan.

TELVA.—¿Y las hojuelas de azúcar? ¿Y la torrija de huevo? Por el invierno bien que le gusta mojada en vino caliente. *(Mira a la Madre que está de codos en la mesa, como ausente).* ¿No va a cenar nada, mi ama?

MADRE.—Nada.

(Telva suspira resignada. Pone leche en las escudillas de los niños.)

FALÍN.—¿Puedo migar sopas en la leche?

ANDRÉS.—Y yo ¿puedo traer el gato a comer conmigo en la mesa?

DORINA.—El sitio del gato es la cocina. Siempre tiene las patas sucias de ceniza.

ANDRÉS.—¿Y a ti quién te mete? El gato es mío.

DORINA.—Pero el mantel lo lavo yo.

ABUELO.—Hazle caso a tu hermana.

ANDRÉS.—¿Por qué? Soy mayor que ella.

ABUELO.—Pero ella es mujer.

ANDRÉS.—¡Siempre igual! Al gato le gusta comer en la mesa y no le dejan; a mí me gusta comer en el suelo, y tampoco.

TELVA.—Cuando seas mayor mandarás en tu casa, galán.

ANDRÉS.—Sí, sí; todos los años dices lo mismo.

FALÍN.—¿Cuándo somos mayores, abuelo?

ABUELO.—Pronto. Cuando sepáis leer y escribir.

ANDRÉS.—Pero si no nos mandan a la escuela no aprenderemos nunca.

ABUELO (*A la Madre.*)—Los niños tienen razón. Son ya crecidos. Deben ir a la escuela.

MADRE (*Como una obsesión.*)—¡No irán! Para ir a la escuela hay que pasar el río... No quiero que mis hijos se acerquen al río.

DORINA.—Todos los otros van. Y las chicas también. ¿Por qué no podemos nosotros pasar el río?

MADRE.—Ojalá nadie de esta casa se hubiera acercado a él.

TELVA.—Basta; de esas cosas no se habla. (*A Dorina, mientras recoge las escudillas.*) ¿No querías hacer una torta de maíz? El horno ya se estará enfriando.

ANDRÉS (*Levantándose, gozoso de hacer algo.*)—Lo pondremos al rojo otra vez. ¡Yo te ayudo!

FALÍN.—¡Y yo!

DORINA.—¿Puedo ponerle un poco de miel encima?

TELVA.—Y abajo una hoja de higuera para que no se

pegue el rescoldo. Tienes que ir aprendiendo. Pronto serás mujer... y eres la única de la casa. *(Sale con ellos hacia la cocina.)*

MADRE Y ABUELO

ABUELO.—No debieras hablar de eso delante de los pequeños. Están respirando siempre un aire de angustia que no los deja vivir.

MADRE.—Era su hermana. No quiero que la olviden.

ABUELO.—Pero ellos necesitan correr al sol y reír a gritos. Un niño que está quieto no es un niño.

MADRE.—Por lo menos a mi lado están seguros.

ABUELO.—No tengas miedo; la desgracia no se repite nunca en el mismo sitio. No pienses más.

MADRE.—¿Haces tú otra cosa? Aunque no la nombres, yo sé en qué estás pensando cuando te quedas horas enteras en silencio, y se te apaga el cigarro en la boca.

ABUELO.—¿De qué vale mirar hacia atrás? Lo que pasó, pasó y la vida sigue. Tienes una casa que debe volver a ser feliz como antes.

MADRE.—Antes era fácil ser feliz. Estaba aquí Angélica; y donde ella ponía la mano todo era alegría.

ABUELO.—Te quedan los otros tres. Piensa en ellos.

MADRE.—Hoy no puedo pensar más que en Angélica; es su día. Fue una noche como ésta. Hace cuatro años.

ABUELO.—Cuatro años ya...

(Pensativo se sienta a liar un cigarrillo junto al fuego. Entra del corral el mozo del molino, sonriente, con una rosa que, al salir, se pone en la oreja.)

QUICO.—Buena noche de luna para viajar. Ya está ensillada la yegua.

MADRE *(Levanta la cabeza.)*—¿Ensillada? ¿Quién te lo mandó?

ABUELO.—Yo.

MADRE.—¿Y a ti, quién?

ABUELO.—Martín quiere subir a la braña a apartar él mismo los novillos para la feria.

MADRE.—¿Tenía que ser precisamente hoy? Una noche como ésta bien podía quedarse en casa.

ABUELO.—La feria es mañana.

MADRE *(Como una queja.)*—Si él lo prefiere así, bien está.

(Vuelve Telva.)

QUICO.—¿Manda algo, mi ama?

MADRE.—Nada. ¿Vas al molino a esta hora?

QUICO.—Siempre hay trabajo. Y cuando no, da gusto dormirse oyendo cantar la cítola y el agua.

TELVA *(Maliciosa.)*—Además el molino está junto al granero del alcalde... y el alcalde tiene tres hijas mozas, cada una peor que la otra. Dicen que envenenaron al perro porque ladraba cuando algún hombre saltaba la tapia de noche.

QUICO.—Dicen, dicen... También dicen que el infierno está empedrado de lenguas de mujer. ¡Vieja maliciosa, Dios la guarde, mi ama. *(Sale silbando alegremente.)*

TELVA.—Sí, sí, malicias. Como si una hubiera nacido ayer. Cuando va al molino lleva chispas en los ojos; cuando vuelve trae un cansancio alegre arrollado a la cintura.

ABUELO.—¿No callarás, mujer?

TELVA *(Recogiendo la mesa.)*—No es por decir mal de nadie. Si alguna vez hablo de más por desatar los nervios... como si rompiera platos. ¿Es vida esto? El ama con los ojos clavados en la pared; usted siempre callado por los rincones... Y esos niños de mi alma que se han acostumbrado a no hacer ruido como si anduvieran descalzos. Si no hablo yo, ¿quién habla en esta casa?

MADRE.—No es día de hablar alto. Callando se recuerda mejor.

TELVA.—¿Piensa que yo olvidé? Pero la vida no se detiene. ¿De qué le sirve correr las cortinas y empeñarse en gritar que es de noche? Al otro lado de la ventana todos los días sale el sol.

MADRE.—Para mí no.

TELVA.—Hágame caso, ama. Abra el cuarto de Angélica de par en par, y saque al balcón las sábanas de hilo que se están enfriando bajo el polvo del arca.

MADRE.—Ni el sol tiene derecho a entrar en su cuarto. Ese polvo es lo único que me queda de aquel día.

ABUELO *(A Telva.)*—No te canses. Es como el que lleva clavada una espina y no se deja curar.

MADRE.—¡Bendita espina! Prefiero cien veces llevarla clavada en la carne, antes que olvidar... como todos vosotros.

TELVA.—Eso no. No hablar de una cosa no quiere decir que no se sienta. Cuando yo me casé creí que mi marido no me quería porque nunca me dijo lindas palabras. Pero siempre me traía el primer racimo de la viña; y en siete años que me vivió me dejó siete hijos, todos hombres. Cada uno se expresa a su manera.

ABUELO.—El tuyo era un marido cabal. Como han sido siempre los hombres de esta tierra.

TELVA.—Igual que un roble. Hubiera costado trabajo hincarle un hacha; pero todos los años daba flores.

MADRE.—Un marido viene y se va. No es carne de nuestra carne como un hijo.

TELVA *(Suspende un momento el quehacer.)*—¿Va a decirme a mí lo que es un hijo? ¡A mí! Usted perdió una: santo y bueno. ¡Yo perdí a los siete el mismo día! Con tierra en los ojos y negros de carbón los fueron sacando de la mina. Yo misma lavé los siete cuerpos, uno por uno. ¿Y qué? ¿Iba por eso a cubrirme la cabeza con el manto y sentarme a llorar a la puerta? ¡Los lloré de pie, trabajando! *(Se le ahoga la voz un momento. Se arranca una lágrima con la punta del delantal y sigue recogiendo los manteles.)*

Después, como ya no podía tener otros, planté en mi huerto siete árboles, altos y hermosos como siete varones. *(Baja más la voz.)* Por el verano, cuando me siento a coser a la sombra, me parece que no estoy tan sola.

MADRE.—No es lo mismo. Los tuyos están bajo tierra, donde crece la yerba y hasta espigas de trigo. La mía está en el agua. ¿Puedes tú besar el agua? ¿Puede nadie abrazarla y echarse a llorar sobre ella? Eso es lo que me muerde en la sangre.

ABUELO.—Todo el pueblo la buscó. Los mejores nadadores bajaron hasta las raíces más hondas.

MADRE.—No la buscaron bastante. La hubieran encontrado.

ABUELO.—Ya ha ocurrido lo mismo otras veces. El remanso no tiene fondo.

TELVA.—Dicen que dentro hay un pueblo entero, con su iglesia y todo. Algunas veces, la noche de San Juan, se han oído las campanas debajo del agua.

MADRE.—Aunque hubiera un palacio no la quiero en el río donde todo el mundo tira piedras al pasar. La Escritura lo dice: «el hombre es tierra y debe volver a la tierra.» Sólo el día que la encuentren podré yo descansar en paz.

> *(Bajando la escalera aparece Martín. Joven y fuerte montañés. Viene en mangas de camisa y botas de montar. En escena se pone la pelliza que descuelga de un clavo.)*

DICHOS Y MARTÍN

MARTÍN.—¿Está aparejada la yegua?

ABUELO.—Quico la ensilló antes de marchar al molino.

> *(Telva guarda los manteles y lleva la loza a la cocina volviendo luego con un cestillo de arvejas.)*

MADRE.—¿Es necesario que vayas a la braña esta noche?

MARTÍN.—Quiero apartar el ganado yo mismo. Ocho novillos de pezuña delgada y con la testuz de azafrán que han de ser la gala de la feria.

ABUELO.—Si no es más que eso, el mayoral puede hacerlo.

MARTÍN.—Él no los quiere como yo. Cuando eran terneros yo les daba la sal con mis manos. Hoy, que se van, quiero ponerles yo mismo el hierro de mi casa.

MADRE *(Con reproche.)*—¿No se te ha ocurrido pensar que esta noche te necesito más que nunca? ¿Has olvidado qué fecha es hoy?

MARTÍN.—¿Hoy?... *(Mira al Abuelo y a Telva que vuelve. Los dos bajan la cabeza. Martín comprende y baja la cabeza también.)* Ya.

MADRE.—Sé que no te gusta recordar. Pero no te pido que hables. Me bastaría que te sentaras junto a mí, en silencio.

MARTÍN *(Esquivo.)*—El mayoral me espera.

MADRE.—¿Tan importante es este viaje?

MARTÍN.—Aunque no lo fuera. Vale más sembrar una cosecha nueva que llorar por la que se perdió.

MADRE.—Comprendo. Angélica fue tu novia dos años, pero tu mujer sólo tres días. Poco tiempo para querer.

MARTÍN.—¡Era mía y eso bastaba! No la hubiera querido en treinta años más que en aquellos tres días.

MADRE *(Yendo hacia él, lo mira hondamente.)*—Entonces, ¿por qué no la nombras nunca? ¿Por qué, cuando todo el pueblo la buscaba llorando, tú te encerrabas en casa apretando los puños? *(Avanza más.)* ¿Y por qué no me miras de frente cuando te hablo de ella?

MARTÍN *(Crispado.)*—¡Basta! *(Sale resuelto hacia el corral.)*

ABUELO.—Conseguirás que Martín acabe odiando esta casa. No se puede mantener un recuerdo así, siempre abierto como una llaga.

43

MADRE *(Tristemente resignada.)*—¿También tú?... Y no la quiere nadie, nadie...

> *(Vuelve a sentarse pesadamente. Telva se sienta a su lado poniendo entre las dos el cestillo de arvejas. Fuera se oye ladrar a perro.)*

TELVA.—¿Quiere ayudarme a desgranar las arvejas? Es como rezar un rosario verde: van resbalando las cuenta entre los dedos... y el pensamiento vuela.

> *(Pausa mientras desgranan los dos.)*

MADRE.—¿A dónde vuela el tuyo, Telva?
TELVA.—A los siete árboles altos. ¿Y el suyo, ama?
MADRE.—El mío está siempre fijo, en el agua.

> *(Vuelve a oírse el ladrido.)*

TELVA.—Mucho ladra el perro.
ABUELO.—Y nervioso. Será algún caminante. A los de pueblo los conoce desde lejos.

> *(Entran corriendo los niños, entre curiosos y atemorizados.)*

DICHOS Y LOS NIÑOS

DORINA.—Es una mujer, madre. Debe de andar perdida.
TELVA.—¿Viene hacia aquí o pasa de largo?
FALÍN.—Hacia aquí.
ANDRÉS.—Lleva una capucha y un bordón en la mano como los peregrinos.

> *(Llaman al aldabón de la puerta. Telva mira a la Madre, dudando.)*

MADRE.—Abre. No se puede cerrar la puerta de noche a un caminante.

(Telva abre la hoja superior de la puerta, y aparece la Peregrina.)

PEREGRINA.—Dios guarde esta casa y libre del mal a los que en ella viven.

TELVA.—Amén. ¿Busca posada? El mesón está al otro lado del río.

PEREGRINA.—Pero la barca no pasa a esta hora.

MADRE.—Déjala entrar. Los peregrinos tienen derecho al fuego y traen la paz a la casa que los recibe.

(Pasa la Peregrina. Telva vuelve a cerrar.)

DICHOS Y LA PEREGRINA

ABUELO.—¿Perdió el camino?

PEREGRINA.—Las fuerzas para andarlo. Vengo de lejos y está frío el aire.

ABUELO.—Siéntese a la lumbre. Y si en algo podemos ayudarle... Los caminos dan hambre y sed.

PEREGRINA.—No necesito nada. Con un poco de fuego me basta. *(Se sienta a la lumbre.)* Estaba segura de encontrarlo aquí.

TELVA.—No es mucho adivinar. ¿Vio el humo por la chimenea?

PEREGRINA.—No. Pero vi a los niños detrás de los cristales. Las casas donde hay niños siempre son calientes. *(Se echa atrás la capucha, descubriendo un rostro hermoso y pálido, con una sonrisa tranquila.)*

ANDRÉS *(En voz baja.)*—¡Qué hermosa es...!

DORINA.—¡Parece una reina de cuento!

PEREGRINA *(Al abuelo, que la observa intensamente.)*—¿Por qué me mira tan fijo? ¿Le recuerdo algo?

ABUELO.—No sé... Pero juraría que no es la primera vez que nos vemos.

PEREGRINA.—Es posible. ¡He recorrido tantos pue-

45

blos y tantos caminos...! *(A los Niños, que la contemplan curiosos agarrados a las faldas de Telva.)* ¿Y vosotros? Os van a crecer los ojos si me seguís mirando. ¿No os atrevéis a acercaros?

TELVA.—Discúlpelos. No tienen costumbre de ver gente extraña. Y menos con ese hábito.

PEREGRINA.—¿Os doy miedo?

ANDRÉS *(Avanza resuelto.)*—A mí no. Los otros son más pequeños.

FALÍN *(Avanza también, más tímido.)*—No habíamos visto nunca a un peregrino.

DORINA.—Yo sí; en las estampas. Llevan una cosa redonda en la cabeza, como los santos.

ANDRÉS *(Con aire superior.)*—Los santos son viejos y todos tienen barba. Ella es joven, tiene el pelo como la espiga y las manos blancas como una gran señora.

PEREGRINA.—¿Te parezco hermosa?

ANDRÉS.—Mucho. Dice el abuelo que las cosas hermosas siempre vienen de lejos.

PEREGRINA *(Sonríe. Le acaricia los cabellos.)*—Gracias, pequeño. Cuando seas hombre, las mujeres te escucharán. *(Contempla la casa.)* Nietos, abuelo, y la lumbre encendida. Una casa feliz.

ABUELO.—Lo fue.

PEREGRINA.—Es la que llaman de Martín el de Narcés, ¿no?

MADRE.—Es mi yerno. ¿Lo conoce?

PEREGRINA.—He oído hablar de él. Mozo de sangre en flor, galán de ferias, y el mejor caballista de la sierra.

DICHOS Y MARTÍN, *que vuelve*

MARTÍN.—La yegua no está en el corral. Dejaron el portón abierto y se la oye relinchar por el monte.

ABUELO.—No puede ser. Quico la dejó ensillada.

MARTÍN.—¿Está ciego entonces? El que está ensillado es el cuatralbo.

MADRE.—¿El potro?... *(Se levanta resuelta.)* ¡Eso sí que no! ¡No pensarás montar ese manojo de nervios, que se espanta de un relámpago!

MARTÍN.—¿Y por qué no? Después de todo, alguna vez tenía que ser la primera. ¿Dónde está la espuela?

MADRE.—No tientes al cielo, hijo. Los caminos están resbaladizos de hielo... y el paso del Rabión es peligroso.

MARTÍN.—Siempre con tus miedos. ¿Quieres meterme en un rincón, como a tus hijos? Ya estoy harto de que me guarden la espalda consejos de mujer y se me escondan las escopetas de caza. *(Enérgico.)* ¿Dónde está la espuela?

(Telva y el abuelo callan. Entonces la Peregrina la descuelga tranquilamente de la chimenea.)

PEREGRINA.—¿Es ésta?

MARTÍN *(La mira sorprendido. Baja el tono.)*—Perdone que haya hablado tan fuerte. No la había visto. *(Mira a los otros como preguntando.)*

ABUELO.—Va de camino, cumpliendo una promesa.

PEREGRINA.—Me han ofrecido su lumbre, y quisiera pagar con un acto de humildad. *(Se pone de rodillas.)* ¿Me permite?... *(Le ciñe la espuela.)*

MARTÍN.—Gracias...

(Se miran un instante en silencio. Ella, de rodillas aún.)

PEREGRINA.—Los Narcés siempre fueron buenos jinetes.

MARTÍN.—Así dicen. Si no vuelvo a verla, feliz viaje. Y duerma tranquila, madre; no me gusta que me esperen de noche con luz en las ventanas.

ANDRÉS.—Yo te tengo el estribo.

DORINA.—Y yo la rienda.

FALÍN.—¡Los tres! *(Salen con él.)*

MADRE, ABUELO, TELVA Y PEREGRINA

TELVA *(A la Madre.)*—Usted tiene la culpa. ¿No conoce a los hombres, todavía? Para que vayan por aquí hay que decirles que vayan por allá.

MADRE.—¿Por qué las mujeres querrán siempre hijos? Los hombres son para el campo y el caballo. Sólo una hija llena la casa. *(Se levanta.)* Perdone que la deje, señora. Si quiere esperar el día aquí, no ha de faltarle nada.

PEREGRINA.—Solamente el tiempo de descansar. Tengo que seguir mi camino.

TELVA *(Acompañando a la Madre hasta la escalera.)*—¿Va a dormir?

MADRE.—Por lo menos a estar sola. Ya que nadie quiere escucharme, me encerraré en mi cuarto a rezar. *(Subiendo.)* Rezar es como gritar en voz baja... *(Pausa mientras sale. Vuelve a ladrar el perro.)*

TELVA.—Maldito perro, ¿qué le pasa esta noche?

ABUELO.—Tampoco él tiene costumbre de sentir gente extraña.

> *(Telva, que ha terminado de desgranar sus arvejas, toma una labor de calceta.)*

PEREGRINA.—¿Cómo han dicho que se llama ese paso peligroso de la sierra?

ABUELO.—El Rabión.

PEREGRINA.—El Rabión es junto al castaño grande, ¿verdad? Lo quemó un rayo hace cien años, pero allí sigue con el tronco retorcido y las raíces clavadas en la roca.

ABUELO.—Para ser forastera, conoce bien estos sitios.

PEREGRINA.—He estado algunas veces. Pero siempre de paso.

ABUELO.—Es lo que estoy queriendo recordar desde que llegó. ¿Dónde la he visto otras veces... y cuándo? ¿Usted no se acuerda de mí?

TELVA.—¿Por qué había de fijarse ella? Si fuera mozo y galán, no digo; pero los viejos son todos iguales.

ABUELO.—Tuvo que ser aquí: yo no he viajado nunca. ¿Cuándo estuvo otras veces en el pueblo?

PEREGRINA.—La última vez era un día de fiesta grande, con gaita y tamboril. Por todos los senderos bajaban parejas a caballo adornadas de ramos verdes; y los manteles de la merienda cubrían todo el campo.

TELVA.—La boda de la Mayorazga. ¡Qué rumbo, mi Dios! Soltaron a chorro los toneles de sidra, y todas las aldeas de la contornada se reunieron en el Pradón a bailar la giraldilla.

PEREGRINA.—La vi desde lejos. Yo pasaba por el monte.

ABUELO.—Eso fue hace dos años. ¿Y antes?...

PEREGRINA.—Recuerdo otra vez, un día de invierno. Caía una nevada tan grande, que todos los caminos se borraron. Parecía una aldea de enanos, con sus caperuzas blancas en las chimeneas y sus barbas de hielo colgando en los tejados.

TELVA.—La nevadona. Nunca hubo otra igual.

ABUELO.—¿Y antes... mucho antes...?

PEREGRINA (Con un esfuerzo de recuerdo.)—Antes... Hace ya tantos años, que apenas lo recuerdo. Flotaba un humo ácido y espeso, que hacía daño en la garganta. La sirena de la mina aullaba como un perro... Los hombres corrían apretando los puños... Por la noche, todas las puertas estaban abiertas y las mujeres lloraban a gritos dentro de las casas.

TELVA (Se santigua sobrecogida.)—¡Virgen del Buen Recuerdo, aparte de mí ese día!

(Entran los niños alegremente.)

Dichos y los Niños

Dorina.—¡Ya va Martín galopando camino de la sierra!

Falín.—¡Es el mejor jinete a cien leguas!

Andrés.—Cuando yo sea mayor domaré potros como él.

Telva. *(Levantándose y recogiendo la labor.)*—Cuando seas mayor, Dios dirá. Pero mientras tanto, a la cama, que es tarde. Acostado se crece más de prisa.

Andrés.—Es muy temprano. La señora, que ha visto tantas cosas, sabrá contar cuentos y romances.

Telva.—El de las sábanas blancas es el mejor.

Peregrina.—Déjelos. Los niños son buenos amigos míos, y voy a estar poco tiempo.

Andrés.—¿Va a seguir viaje esta noche? Si tiene miedo, yo la acompañaré hasta la balsa.

Peregrina.—¡Tú! Eres muy pequeño todavía.

Andrés.—¿Y eso qué? Vale más un hombre pequeño que una mujer grande. El abuelo lo dice.

Telva.—¿Lo oye? Son de la piel de Barrabás. Déles, Déles la mano y verá cómo pronto se toman el pie. ¡A la cama, he dicho!

Abuelo.—Déjalos, Telva. Yo me quedaré con ellos.

Telva.—¡Eso! Encima quíteme la autoridad y déles mal ejemplo. *(Sale rezongando.)* Bien dijo el que dijo: si el Prior juega a los naipes, ¿qué harán los frailes?

Abuelo.—Si va a Compostela puedo indicarle el camino.

Peregrina.—No hace falta; está señalado en el cielo con polvo de estrellas.

Andrés.—¿Por qué señalan ese camino las estrellas?

Peregrina.—Para que no se pierdan los peregrinos que van a Santiago.

DORINA.—¿Y por qué tienen que ir todos los peregri-
os a Santiago?

PEREGRINA.—Porque allí está el sepulcro del Apóstol.

FALÍN.—¿Y por qué está allí el sepulcro del Apóstol?

LOS TRES.—¿Por qué?

ABUELO.—No les haga caso. Más pregunta un niño
ue contesta un sabio. *(Viéndola cruzar las manos en las
mangas.)* Se está apagando el fuego. ¿Siente frío aún?

PEREGRINA.—En las manos, siempre.

ABUELO.—Partiré unos leños y traeré ramas de brezo
ue huelen al arder.

> *(Sale hacia el corral. Los niños se apresuran a rodear a la Pe-*
> *regrina.)*

PEREGRINA Y NIÑOS

DORINA.—Ahora que estamos solos ¿nos contará un
uento?

PEREGRINA.—¿No os lo cuenta el abuelo?

ANDRÉS.—El abuelo sabe empezarlos todos pero no
abe terminar ninguno. Se le apaga el cigarro en la boca, y
n cuanto se pierde «Colorín-colorao, este cuento se ha
cabao.»

DORINA.—Antes era otra cosa. Angélica los sabía a
ientos, algunos hasta con música. Y los contaba como si
e estuviera viendo.

ANDRÉS.—El de la Delgadina. Y el de la moza que se
vistió de hombre para ir a las guerras de Aragón.

DORINA.—Y el de la Xana que hilaba madejas de oro en
a fuente.

FALÍN.—Y el de la raposa ciega, que iba a curarse los
ojos a Santa Lucía...

PEREGRINA.—¿Quién era Angélica?

DORINA.—La hermana mayor. Todo el pueblo la que-

ría como si fuera suya. Pero una noche se marchó por e
río.

ANDRÉS.—Y desde entonces no se puede hablar fuerte
ni nos dejan jugar.

FALÍN.—¿Tú sabes algún juego?

PEREGRINA.—Creo que los olvidé todos. Pero si m‹
enseñáis, puedo aprender.

(Los niños la rodean alborozados.)

FALÍN.—«Aserrín, aserrán, maderitos de San Juan…›

DORINA.—No. A «¡Tú darás, yo daré, bájate del bo‹
rriquito que yo me subiré!»

ANDRÉS.—Tampoco. Espera. Vuelve la cabeza par‹
allá, y mucho ojo con hacer trampa, ¡eh! *(La Peregrina se*
tapa los ojos, mientras ellos, con las cabezas juntas, cuchi-
chean.) ¡Ya está! Lo primero hay que sentarse en el suelo
(Todos obedecen.) Así. Ahora cada uno va diciendo y
todos repiten. El que se equivoque, paga. ¿Va?

TODOS.—¡Venga!

(Inician un juego pueril, de concatenaciones salmodiacas, li
mitando desmesuradamente con los gestos lo que dicen las pa-
labras. El que dirige cada vuelta se pone en pie; los demá
contestan y actúan al unísono, sentados en corro.)

ANDRÉS.—   Ésta es la botella de vino
                que guarda en su casa el vecino.

CORO.—   Ésta es la botella de vino
                que guarda en su casa el vecino.

FALÍN *(Se levanta mientras se sienta Andrés.)*—
                Éste es el tapón
                de tapar
                la botella de vino
                que guarda en su casa el vecino.

CORO.—   Éste es el tapón
                de tapar

la botella de vino
que guarda en su casa el vecino.

DORINA *(Se levanta mientras se sienta Falín.)*—
Éste es el cordón
de liar
el tapón
de tapar
la botella de vino
que guarda en su casa el vecino.

CORO.— Éste es el cordón
de liar
el tapón
de tapar
la botella de vino
que guarda en su casa el vecino.

ANDRÉS.— Ésta es la tijera
de cortar
el cordón
de liar
el tapón
de tapar
la botella de vino
que guarda en su casa el vecino.

CORO.— Ésta es la tijera
de cortar
el cordón
de liar
el tapón
de tapar
la botella de vino
que guarda en su casa el vecino.

(La Peregrina, que ha ido dejándose arrastrar poco a poco por la gracia cándida del juego, se levanta a su vez, imitando exageradamente los gestos del borracho.)

PEREGRINA.—...Y éste es el borracho ladrón

>   que corta el cordón,
>   que suelta el tapón,
>   que empina el porrón
>   y se bebe el vino
>   que guarda en su casa el vecino.

(Rompe a reír. Los niños la rodean y la empujan gritando.)

NIÑOS.—¡Borracha! ¡Borracha! ¡Borracha!

(La Peregrina se deja caer riendo cada vez más. Los niños la imitan riendo también. Pero la risa de la Peregrina va en aumento, nerviosa, inquietante, hasta una carcajada convulsa que asusta a los pequeños. Se apartan mirándola medrosos. Por fin logra dominarse, asustada de sí misma.)

PEREGRINA.—Pero, ¿qué es lo que estoy haciendo?... ¿Qué es esto que me hincha la garganta y me retumba cristales en la boca?...

DORINA *(Medrosa aún.)*—Es la risa.

PEREGRINA.—¿La risa?... *(Se incorpora con esfuerzo.)* Qué cosa extraña... Es un temblor alegre que corre por dentro, como las ardillas por un árbol hueco. Pero luego restalla en la cintura, y hace aflojar las rodillas...

(Los niños vuelven a acercarse tranquilizados.)

ANDRÉS.—¿No te habías reído nunca...?

PEREGRINA.—*Nunca. (Se toca las manos).* Es curioso... me ha dejado caliente las manos... ¿Y esto que me late en los pulsos?... ¿Y esto que me salta aquí dentro?...

DORINA.—Es el corazón.

PEREGRINA *(Casi con miedo.)*—No puede ser... ¡Sería maravilloso... y terrible! *(Vacila fatigada.)* Qué dulce fatiga. Nunca imaginé que la risa tuviera tanta fuerza.

ANDRÉS.—Los grandes se cansan en seguida. ¿Quiéres dormir?

PEREGRINA.—Después; ahora no puedo. Cuando ese

reloj dé las nueve tengo que estar despierta. Alguien me está esperando en el paso del Rabión.

DORINA.—Nosotros te llamaremos. *(Llevándola al sillón de la lumbre.)* Ven. Siéntate.

PEREGRINA.—¡No! No puedo perder un minuto. *(Se lleva un dedo a los labios.)* Silencio... ¿No oís, lejos, galopar un caballo?

(Los niños prestan atención. Se miran.)

FALÍN.—Yo no oigo nada.

DORINA.—Será el corazón otra vez.

PEREGRINA.—¡Ojalá! Ah, cómo me pesan los párpados. No puedo..., no puedo más. *(Se sienta rendida.)*

ANDRÉS.—Angélica sabía unas palabras para hacernos dormir. ¿Quieres que te las diga?

PEREGRINA.—Di. Pero no lo olvides... A las nueve en punto...

ANDRÉS.—Cierra los ojos y vete repitiendo sin pensar. *(Va salmodiando lentamente.)* Allá arribita arribita...

PEREGRINA *(Repite, cada vez con menos fuerza.)*—Allá arribita arribita...

ANDRÉS.—Hay una montaña blanca...

PEREGRINA.—Hay una montaña blanca...

DORINA.—En la montaña, un naranjo...

PEREGRINA.—En la montaña, un naranjo...

FALÍN.—En el naranjo, una rama...

PEREGRINA.—En el naranjo, una rama...

ANDRÉS.—Y en la rama cuatro nidos...
            dos de oro y dos de plata...

PEREGRINA *(Ya sin voz.)*—Y en la rama cuatro nidos... cuatro nidos... cuatro... nidos...

ANDRÉS.—Se durmió.

DORINA.—Pobre... Debe estar rendida de tanto caminar.

(El abuelo, que ha llegado con leños y ramas secas, contempla desde el umbral el final de la escena. Entra Telva.)

DICHOS, ABUELO Y TELVA

TELVA.—¿Terminó ya el juego? Pues a la cama.

DORINA *(Imponiéndole silencio.)*—Ahora no podemos. Tenemos que despertarla cuando el reloj dé las nueve.

ABUELO.—Yo lo haré. Llévalos, Telva.

TELVA.—Lo difícil va a ser hacerlos dormir después de tanta novelería. ¡Andando! *(Va subiendo la escalera con ellos.)*

DORINA.—Es tan hermosa. Y tan buena. ¿Por qué no le dices que se quede con nosotros?

ANDRÉS.—No debe tener dónde vivir... Tiene los ojos tan tristes.

TELVA.—Mejor será que se vuelva por donde vino. ¡Y pronto! No me gustan nada las mujeres que hacen misterios y andan solas de noche por los caminos.

> *(Sale con los niños. Entre tanto el abuelo ha avivado el fuego. Baja la mecha del quinqué, quedando alumbrada la escena por la luz de la lumbre. Contempla intensamente a la dormida tratando de recordar.)*

ABUELO.—¿Dónde la he visto otra vez?... ¿Y cuándo?...

> *(Se sienta aparte a liar un cigarrillo. El reloj comienza a dar las nueve. La Peregrina, como sintiendo una llamada, trata de incorporarse con esfuerzo. Deslumbra lejos la luz vivísima de un relámpago. Las manos de la Peregrina resbalan nuevamente y continúa dormida. Fuera aúlla, cobarde y triste, el perro. Con la última campanada del reloj, cae el*

Telón

ACTO SEGUNDO

En el mismo lugar, poco después. La Peregrina sigue dormida. Pausa durante la cual se oye el tictac del reloj. El Abuelo se le acerca y vuelve a mirarla fijamente, luchando con el recuerdo. La Peregrina continúa inmóvil.

Telva aparece en lo alto de la escalera. Entonces el Abuelo se aparta y enciende con su eslabón el cigarro que se le ha apagado entre los labios.

TELVA *(Bajando la escalera.)*—Trabajo me costó, pero al fin están dormidos. *(El Abuelo le impone silencio. Baja el tono.)* Demonio de críos, y qué pronto se les llena la cabeza de fantasías. Que si es la Virgen de los caminos..., que si es una reina disfrazada..., que si lleva un vestido de oro debajo del sayal...

ABUELO *(Pensativo.)*—Quién sabe. A veces un niño ve más allá que un hombre. También yo siento que algo misterioso entró con ella en esta casa.

TELVA.—¿A sus años? Era lo que nos faltaba. ¡A la vejez, pájaros otra vez!

ABUELO.—Cuando abriste la puerta, ¿no sentiste algo raro en el aire?

TELVA.—El repelús de la escarcha.

ABUELO.—Y ¿nada más?...

TELVA.—Déjeme de historias. Yo tengo mi alma en mi almario, y dos ojos bien puestos en mitad de la cara. Nunca me emborraché con cuentos.

ABUELO.—Sin embargo, esa sonrisa quieta..., esos ojos sin color como dos cristales... y esa manera tan extraña de hablar...

TELVA.—Rodeos para ocultar lo que le importa. *(Le*

57

vanta la mecha del quinqué, iluminando nuevamente la escena.) Por eso no la tragué desde que entró. A mí me gusta la gente que pisa fuerte y habla claro. *(Se fija en él.)* Pero, ¿qué le pasa a mi amo?... ¡Si está temblando como una criatura!

ABUELO.—No sé... Tengo miedo de lo que estoy pensando.

TELVA.—Pues no piense... La mitad de los males salen de la cabeza. *(Cogiendo nuevamente su calceta, se sienta.)* Yo, cuando una idea no me deja en paz, cojo la calceta, me pongo a cantar, y mano de santo.

ABUELO *(Se sienta nervioso, junto a ella.)*—Escucha, Telva, ayúdame a recordar. ¿Cuándo dijo esa mujer que había pasado por aquí otras veces?

TELVA.—El día de la nevadona; cuando la nieve llegó hasta las ventanas y se borraron todos los caminos.

ABUELO.—Ese día el pastor se perdió al cruzar la cañada, ¿te acuerdas? Lo encontraron a la mañana siguiente, muerto entre sus ovejas, con la camisa dura como un carámbano.

TELVA *(Sin dejar su labor.)*—¡Lástima de hombre! Parecía un San Cristobalón con su cayado y sus barbas de estopa; pero cuando tocaba la zampoña, los pájaros se le posaban en los hombros.

ABUELO.—Y la otra vez... ¿no fue la boda de la Mayorazga?

TELVA.—Eso dijo. Pero ella no estuvo en la boda; la vio desde lejos.

ABUELO.—¡Desde el monte! El herrero había prometido cazar un corzo para los novios... Al inclinarse a beber en el arroyo, se le disparó la escopeta y se desangró en el agua.

TELVA.—Así fue. Los rapaces lo descubrieron cuando vieron roja el agua de la fuente. *(Inquieta de pronto, suspende su labor y lo mira fijamente.)* ¿A dónde quiere ir a parar con todo eso?

ABUELO *(Se levanta con la voz ahogada.)* —Y cuando la sirena pedía auxilio y las mujeres lloraban a gritos en las casas, ¿te acuerdas?... Fue el día que explotó el grisú en la mina. ¡Tus siete hijos, Telva!

TELVA *(Sobrecogida, levantándose también.)* — ¿Pero qué es lo que está pensando, mi Dios?

ABUELO. —¡La verdad! ¡Por fin! *(Inquieto.)* ¿Dónde dejaste a los niños?

TELVA. —Dormidos como tres ángeles.

ABUELO. —¡Sube con ellos! *(Empujándola hacia la escalera.)* ¡Cierra puertas y ventanas! ¡Caliéntalos con tu cuerpo si es preciso! ¡Y llame quien llame, que no entre nadie!

TELVA. —¡Ángeles de mi alma!... ¡Líbralos, Señor, de todo mal!...

(Sale. El Abuelo se dirige resuelto hacia la dormida.)

ABUELO. —Ahora ya sé dónde te he visto. *(La toma de los brazos con fuerza.)* ¡Despierta, mal sueño! ¡Despierta!

PEREGRINA Y ABUELO

PEREGRINA *(Abre lentamente los ojos.)* —Ya voy. ¿Quién me llama?

ABUELO. —Mírame a los ojos y atrévete a decir que no me conoces. ¿Recuerdas el día que explotó el grisú en la mina? También yo estaba allí, con el derrumbe sobre el pecho y el humo agrio en la garganta. Creíste que había llegado mi hora y te acercaste demasiado. ¡Cuando, al fin, entró el aire limpio, ya había visto tu cara pálida y había sentido tus manos de hielo!

PEREGRINA *(Serenamente.)* —Lo esperaba. Los que me han visto una vez no me olvidan nunca...

ABUELO. —¿A qué aguardas ahora? ¿Quieres que grite

tu nombre por el pueblo para que te persigan los mastines y las piedras?

PEREGRINA.—No lo harás. Sería inútil.

ABUELO.—Creíste que podías engañarme, ¿eh? Soy ya muy viejo, y·he pensado mucho en ti.

PEREGRINA.—No seas orgulloso, abuelo. El perro no piensa y me conoció antes que tú. *(Se oye una campanada en el reloj. La Peregrina lo mira sobresaltada.)* ¿Qué hora da ese reloj?

ABUELO.—Las nueve y media.

PEREGRINA *(Desesperada.)*—¿Por qué no me despertaron a tiempo? ¿Quién me ligó con dulces hilos que no había sentido nunca? *(Vencida.)* Lo estaba temiendo y no pude evitarlo. Ahora ya es tarde.

ABUELO.—Bendito el sueño que te ató los ojos y las manos.

PEREGRINA.—Tus nietos tuvieron la culpa. Me contagiaron su vida un momento, y hasta me hicieron soñar que tenía un corazón caliente. Sólo un niño podía realizar tal milagro.

ABUELO.—Mal pensabas pagar el amor con que te recibieron. ¡Y pensar que han estado jugando contigo!

PEREGRINA.—¡Bah! Los niños juegan tantas veces con la Muerte sin saberlo.

ABUELO.—¿A quién venías a buscar? *(Poniéndose ante la escalera.)* Si es a ellos tendrás que pasar por encima de mí.

PEREGRINA.—¡Quién piensa en tus nietos, tan débiles aún! ¡Era un torrente de vida lo que me esperaba esta noche! ¡Yo misma le ensillé el caballo y le calcé la espuela!

ABUELO.—¿Martín?...

PEREGRINA.—El caballista más galán de la sierra... Junto al castaño grande...

ABUELO *(Triunfal.)*—El castaño grande sólo está a media legua. ¡Ya habrá pasado de largo!

PEREGRINA.—Pero mi hora nunca pasa del todo, bien lo sabes. Se aplaza, simplemente.

ABUELO.—Entonces, vete. ¿Qué esperas todavía?

PEREGRINA.—Ahora ya, nada. Sólo quisiera, antes de marchar, que me despidieras sin odio, con una palabra buena.

ABUELO.—No tengo nada que decirte. Por dura que sea la vida, es lo mejor que conozco.

PEREGRINA.—¿Tan distinta me imaginas de la vida? ¿Crees que podríamos existir la una sin la otra?

ABUELO.—¡Vete de mi casa, te lo ruego!

PEREGRINA.—Ya me voy. Pero antes has de escucharme. Soy buena amiga de los pobres y de los hombres de conciencia limpia. ¿Por qué no hemos de hablarnos lealmente?

ABUELO.—No me fío de ti. Si fueras leal no entrarías disfrazada en las casas, para meterte en las habitaciones tristes a la hora del alba.

PEREGRINA.—¿Y quién te ha dicho que necesito entrar? Yo siempre estoy dentro, mirándolos crecer día por día desde detrás de los espejos.

ABUELO.—No puedes negar tus instintos. Eres traidora y cruel.

PEREGRINA.—Cuando los hombres me empujáis unos contra otros, sí. Pero cuando me dejáis llegar por mi propio paso... ¡cuánta ternura al desatar los nudos últimos! ¡Y qué sonrisas de paz en el filo de la madrugada!

ABUELO.—¡Calla! Tienes dulce la voz, y es peligroso escucharte.

PEREGRINA.—No os entiendo. Si os oigo quejaros siempre de la vida, ¿por qué os da tanto miedo dejarla?

ABUELO.—No es por lo que dejamos aquí. Es porque no sabemos lo que hay al otro lado.

PEREGRINA.—Lo mismo ocurre cuando el viaje es al revés. Por eso lloran los niños al nacer.

ABUELO (*Inquieto nuevamente.*)—¡Otra vez los niños
Piensas demasiado en ellos...

PEREGRINA.—Tengo nombre de mujer. Y si alguna vez
les hago daño no es porque quiera hacérselo. Es un amor
que no aprendió a expresarse... ¡Que quizá no aprenda
nunca! (*Baja a un tono de confidencia íntima.*) Escucha
abuelo. ¿Tú conoces a Nalón el Viejo?

ABUELO.—¿El ciego que canta romances en las ferias

PEREGRINA.—El mismo. Cuando era un niño tenía la
mirada más hermosa que se vio en la tierra; una tentación
azul que me atraía desde lejos. Un día no pude resistir... y
lo besé en los ojos.

ABUELO.—Ahora toca la guitarra y pide limosna en las
romerías con su lazarillo y su plato de estaño.

PEREGRINA.—¡Pero yo sigo queriéndole como entonces! Y algún día he de pagarle con dos estrellas todo el
daño que mi amor le hizo.

ABUELO.—Basta. No pretendas envolverme con palabras. Por hermosa que quieras presentarte yo sé que eres
la mala yerba en el trigo y el muérdago en el árbol. ¡Sal de
mi casa! No estaré tranquilo hasta que te vea lejos.

PEREGRINA.—Me extraña de ti. Bien está que me ima-
ginen odiosa los cobardes. Pero tú perteneces a un pueblo
que ha sabido siempre mirarme de frente. Vuestros poetas
me cantaron como a una novia. Vuestros místicos, como
una redención. Y el más grande de vuestros sabios me
llamó «libertad». Yo misma se lo oí decir a sus discípulos
mientras se desangraba en el agua del baño: «¿Quieres
saber dónde está la verdadera libertad? ¡Todas las venas de
tu cuerpo pueden conducirte a ella!»

ABUELO.—Yo no he leído libros. Sólo sé de ti lo que
saben el perro y el caballo.

PEREGRINA (*Con profunda emoción de queja.*)—Entonces, ¿por qué me condenas sin conocerme bien? ¿Por
qué no haces un pequeño esfuerzo para comprenderme
(*Soñadora.*) También yo quisiera adornarme con rosas

como las campesinas, vivir entre niños felices y tener un hombre hermoso a quien amar. Pero cuando voy a cortar las rosas todo el jardín se me hiela. Cuando los niños juegan conmigo tengo que volver la cabeza por miedo a que se me queden fríos al tocarlos. Y en cuanto a los hombres, ¿de qué me sirve que los más hermosos me busquen a caballo, si al besarlos siento que sus brazos inútiles me resbalan sin fuerza en la cintura? *(Desesperada.)* ¿Comprendes ahora lo amargo de mi destino? Presenciar todos los dolores sin poder llorar... Tener todos los sentimientos de una mujer sin poder usar ninguno... ¡Y estar condenada a matar siempre, siempre, sin poder nunca morir!

(Cae abrumada en el sillón, con la frente entre las manos. El Abuelo la mira conmovido. Se acerca y le pone cordialmente una mano sobre el hombro.)

ABUELO.—Pobre mujer.

PEREGRINA.—Gracias, abuelo. Te había pedido un poco de comprensión y me has llamado mujer, que es la palabra más hermosa en labios de hombre. *(Toma el bordón que ha dejado apoyado en la chimenea.)* En tu casa ya no tengo nada que hacer esta noche; pero me esperan en otros sitios. Adiós. *(Va hacia la puerta. Se oye, fuera, la voz de Martín que grita.)*

VOZ.—¡Telva!... ¡Telva!...

ABUELO.—¡Es Martín! Sal por la otra puerta. No quiero que te encuentre aquí.

PEREGRINA *(Dejando nuevamente el bordón.)*—¿Por qué no? Ya pasó su hora. Abre sin miedo.

(Vuelve a oírse la voz y golpear la puerta con el pie.)

VOZ.—Pronto... ¡Telva!...

(La Madre aparece en lo alto de la escalera con un velón.)

MADRE.—¿Quién grita a la puerta?

ABUELO.—Es Martín.

(Va a abrir. La Madre baja.)

MADRE.—¿Tan pronto? No ha tenido tiempo de llegar a la mitad del camino.

(El Abuelo abre. Entra Martín trayendo en brazos a una muchacha con los vestidos y los cabellos húmedos. La Madre se estremece como ante un milagro. Grita con la voz ahogada.)

PEREGRINA, ABUELO, MARTÍN, LA MADRE Y ADELA

MADRE.—¡Angélica!... ¡Hija!... *(Corre hacia ella. El Abuelo la detiene.)*
ABUELO.—¿Qué dices? ¿Te has vuelto loca?...

(Martín deja a la muchacha en el sillón junto al fuego. La Madre la contempla de cerca, desilusionada.)

MADRE.—Pero entonces... ¿Quién es?
MARTÍN.—No sé. La vi caer en el río y pude llegar a tiempo. Está desmayada nada más.

(La Peregrina contempla extrañada a la desconocida. La Madre deja el velón en la mesa sollozando dulcemente.)

MADRE.—¿Por qué me has hecho esperar un milagro, Señor? No es ella..., no es ella...
ABUELO.—La respiración es tranquila. Pronto el calor le volverá el sentido.
MARTÍN.—Hay que tratar de reanimarla. *(A la Peregrina.)* ¿Qué podemos hacer?
PEREGRINA *(Con una sonrisa impasible.)*—No sé; y no tengo costumbre. *(Queda inmóvil, al fondo, junto a la guadaña.)*

ABUELO.—Unas friegas de vinagre la ayudarán. *(Toma un frasco de la chimenea.)*

MADRE.—Déjame, yo lo haré. Ojalá hubiera podido hacerlo entonces. *(Se arrodilla ante Adela frotándole pulsos y sienes.)*

ABUELO.—Y a ti... ¿te ha ocurrido algo?

MARTÍN.—Al pasar el Rabión, un relámpago me deslumbró el caballo y rodamos los dos por la barranca. Pero no ha sido nada.

PEREGRINA *(Se acerca a él, sacando su pañuelo del pecho.)*—¿Me permite?...

MARTÍN.—¿Qué tengo?

PEREGRINA.—Nada... Una manchita roja aquí, en la sien. *(Lo limpia amorosamente.)*

MARTÍN *(La mira un momento fascinado.)*—Gracias.

MADRE.—Ya vuelve en sí.

> *(Rodean todos a Adela, menos la Peregrina que contempla la escena aparte, con su eterna sonrisa. Adela abre lentamente los ojos; mira extrañada lo que la rodea.)*

ABUELO.—No tenga miedo. Ya pasó el peligro.

ADELA.—¿Quién me trajo aquí?

MARTÍN.—Pasaba junto al río y la vi caer.

ADELA *(Con amargo reproche.)*—¿Por qué lo hizo? No me caí, fue voluntariamente...

ABUELO.—¿A su edad? Si no ha tenido tiempo de conocer la vida.

ADELA.—Tuve que reunir todas mis fuerzas para atreverme. Y todo ha sido inútil.

MADRE.—No hable..., respire hondo. Así. ¿Está más aliviada ahora?

ADELA.—Me pesa el aire en el pecho como plomo. En cambio, allí en el río, era todo tan suave y tan fácil...

PEREGRINA *(Como ausente.)*—Todos dicen lo mismo. Es como una venda de agua en el alma.

MARTÍN.—Ánimo. Mañana habrá pasado todo como un mal sueño.

ADELA.—Pero yo tendré que volver a caminar sola como hasta hoy; sin nadie a quien querer…, sin nada que esperar…

ABUELO.—¿No tiene una familia…, una casa?

ADELA.—Nunca he tenido nada mío. Dicen que los ahogados recuerdan en un momento toda su vida. Yo no pude recordar nada.

MARTÍN.—Entre tantos días, ¿no ha tenido ninguno feliz?

ADELA.—Uno solo, pero hace ya tanto tiempo. Fue un día de vacaciones en casa de una amiga, con sol de campo y rebaños trepando por las montañas. Al caer la tarde se sentaban todos alrededor de los manteles, y hablaban de cosas hermosas y tranquilas… Por la noche las sábanas olían a manzana y las ventanas se llenaban de estrellas. Pero el domingo es un día tan corto. *(Sonríe amarga.)* Es bien triste que en toda una vida sólo se pueda recordar un día de vacaciones… en una casa que no era nuestra. *(Vuelve a cerrar los ojos.)* Y ahora, a empezar otra vez…

ABUELO.—Ha vuelto a perder el sentido. *(Mirando angustiado a la Peregrina.)* ¡Tiene heladas las manos! ¡No le siento el pulso!

PEREGRINA *(Tranquilamente, sin mirar.)*—Tranquilízate, abuelo. Está dormida, simplemente.

MARTÍN.—No podemos dejarla así. Hay que acostarla en seguida.

MADRE.—¿Dónde?

MARTÍN.—No hay más que un sitio en la casa.

MADRE *(Rebelándose ante la idea.)*—¡En el cuarto de Angélica, no!

ABUELO.—Tiene que ser. No puedes cerrarle esa puerta.

MADRE.—¡No! Podéis pedirme que le dé mi pan y mis vestidos…, todo lo mío. ¡Pero el lugar de mi hija, no!

ABUELO.—Piénsalo; viene de la misma orilla, con agua del mismo río en los cabellos... Y es Martín quien la ha traído en brazos. Es como una orden de Dios.

MADRE *(Baja la cabeza, vencida.)*—Una orden de Dios... *(Lentamente va a la mesa y toma el velón.)* Súbela. *(Sube delante alumbrando. Martín la sigue con Adela en brazos.)* ¡Telva, abre el arca... y calienta las sábanas de hilo!

(Peregrina y Abuelo los miran hasta que desaparecen.)

ABUELO.—Muy pensativa te has quedado.

PEREGRINA.—Mucho. Más de lo que tú piensas.

ABUELO.—¡Mala noche para ti, eh! Te dormiste en la guardia, y se te escaparon al mismo tiempo un hombre en la barranca y una mujer en el río.

PEREGRINA.—El hombre, sí. A ella no la esperaba.

ABUELO.—Pero la tuviste bien cerca. ¿Qué hubiera pasado si Martín no llega a tiempo?

PEREGRINA.—La habría salvado otro... o quizá ella misma. Esa muchacha no me estaba destinada todavía.

ABUELO.—¿Todavía? ¿Qué quieres decir?

PEREGRINA *(Pensativa.)*—No lo entiendo. Alguien se ha propuesto anticipar las cosas, que deben madurar a su tiempo. Pero lo que está en mis libros no se puede evitar. *(Va a tomar el bordón.)* Volveré el día señalado.

ABUELO.—Aguarda. Explícame esas palabras.

PEREGRINA.—Es difícil, porque tampoco yo las veo claras. Por primera vez me encuentro ante un misterio que yo misma no acierto a comprender. ¿Qué fuerza empujó a esa muchacha antes de tiempo?

ABUELO.—¿No estaba escrito así en tu libro?

PEREGRINA.—Sí, todo lo mismo: un río profundo, una muchacha ahogada, y esta casa. ¡Pero no era esta noche! Todavía faltan siete lunas.

ABUELO.—Olvídate de ella. ¿No puedes perdonar por una vez siquiera?

67

PEREGRINA.—Imposible. Yo no mando; obedezco.

ABUELO.—¡Es tan hermosa, y la vida le ha dado tan poco! ¿Por qué tiene que morir en plena juventud?

PEREGRINA.—¿Crees que lo sé yo? A la vida y a mí nos ocurre esto muchas veces; que no sabemos el camino, pero siempre llegamos a donde debemos ir *(Abre la puerta. Lo mira.)* Te tiemblan las manos otra vez.

ABUELO.—Por ella. Está sola en el mundo, y podría hacer tanto bien en esta casa ocupando el vacío que dejó la otra... Si fuera por mí, te recibiría tranquilo. Tengo setenta años.

PEREGRINA *(Con suave ironía.)*—Muchos menos, abuelo. Esos setenta que dices, son los que no tienes ya. *(Va a salir.)*

ABUELO.—Espera. ¿Puedo hacerte una última pregunta?

PEREGRINA.—Di.

ABUELO.—¿Cuándo tienes que volver?

PEREGRINA.—Mira la luna; está completamente redonda. Cuando se ponga redonda otras siete veces volveré a esta casa. Y al regreso, una hermosa muchacha, coronada de flores, será mi compañera por el río. Pero no me mires con rencor. Yo te juro que si no viniera, tú mismo me llamarías. Y que ese día bendecirás mi nombre. ¿No me crees, todavía?

ABUELO.—No sé.

PEREGRINA.—Pronto te convencerás; ten confianza en mí. Y ahora, que me conoces mejor, despídeme sin odio y sin miedo. Somos los dos bastante viejos para ser buenos compañeros. *(Le tiende la mano.)* Adiós, amigo.

ABUELO.—Adiós..., amiga...

(La Peregrina se aleja. El Abuelo la contempla ir, absorto, mientras se calienta contra el pecho la mano que ella estrechó.)

Telón

ACTO TERCERO

*n el mismo lugar, unos meses después. Luz de tarde. El paisaje del
ndo, invernal en los primeros actos, tiene ahora el verde maduro del
erano. En escena hay un chorro y un gran bastidor con una labor colo-
rista empezada.*

*ndrés y Dorina hacen un ovillo. Falín enreda lo que puede. Quico, el
ozo del molino, está en escena en actitud de esperar órdenes. Llega
Adela, de la cocina. Quico se descubre y la mira embobado.*

QUICO.—Me dijeron que tenía que hablarme.

ADELA.—¿Y cuándo no? La yerba está pudriéndose de
umedad en la tenada, la maquila del centeno se la comen
os ratones, y el establo sigue sin mullir. ¿En qué está pen-
ando, hombre de Dios?

QUICO.—¿Yo? ¿Yo estoy pensando?

ADELA.—¿Por qué no se mueve, entonces?

QUICO.—No sé. Me gusta oírla hablar.

ADELA.—¿Necesita música para el trabajo?

QUICO.—Cuando canta el carro se cansan menos los
ueyes.

ADELA.—Mejor que la canción es la aguijada. ¡Vamos!
¿Qué espera? *(Viendo que sigue inmóvil.)* ¿Se ha quedado
ordo de repente?

QUICO *(Dando vueltas a la boina.)*—No sé lo que me
pasa. Cuando me habla el ama, oigo bien. Cuando me
habla Telva, también. Pero usted tiene una manera de
mirar que cuando me habla no oigo lo que dice.

ADELA.—Pues cierre los ojos, y andando, que ya empieza a caer el sol.

(Sale lento, volviéndose desde la puerta del corral. Falí
vuelca con estruendo una caja de lata llena de botones.)

ADELA. — ¿Qué haces tú ahí, barrabás?

FALÍN. — Estoy ayudando.

ADELA. — Ya veo, ya. Recógelos uno por uno, y de
paso a ver si aprendes a contarlos. *(Se sienta a trabajar en*
el bastidor.)

DORINA. — Cuando bordas, ¿puedes hablar y pensar en
otra cosa?

ADELA. — Claro que sí. ¿Por qué?

DORINA. — Angélica lo hacía también. Y cuando llega-
ba la fiesta de hoy nos contaba esas historias de encantos
que siempre ocurren en la mañana de San Juan.

ANDRÉS. — ¿Sabes tú alguna?

ADELA. — Muchas. Son romances viejos que se apren-
den de niña y no se olvidan nunca. ¿Cuál queréis?

DORINA. — Hay uno precioso de un conde que llevaba
su caballo a beber al mar.

(Adela suspende un momento su labor, levanta la cabeza y
recita con los ojos lejanos.)

ADELA. — «Madrugaba el Conde Olinos
        mañanita de San Juan
        a dar agua a su caballo
        a las orillas del mar.

        Mientras el caballo bebe
        él canta un dulce cantar;
        todas las aves del cielo
        se paraban a escuchar;
        caminante que camina
        olvida su caminar;
        navegante que navega
        la nave vuelve hacia allá...»

ANDRÉS. — ¿Por qué se paraban los caminantes y los pájaros?

ADELA. — Porque era una canción encantada como la de las sirenas.

ANDRÉS. — ¿Y para quién la cantaba?

ADELA. — Para Alba-Niña, la hija de la reina.

FALÍN. — ¿Se casaron?

ADELA. — No. La reina, llena de celos, los mandó matar a los dos. Pero de ella nació un rosal blanco; de él un espino de albar. Y las ramas fueron creciendo hasta juntarse...

DORINA. — Entonces la reina mandó cortar también las dos ramas. ¿No fue así?

ADELA. — Así fue. Pero tampoco así consiguió separarlos:

«De ella naciera una garza,
de él un fuerte gavilán.
Juntos vuelan por el cielo.
¡Juntos vuelan, par a par!»

ANDRÉS. — Esas cosas sólo pasaban antes. Ahora ya no hay milagros.

ADELA. — Éste sí; es el único que se repite siempre. Porque cuando un amor es verdadero, ni la misma muerte puede nada contra él.

DORINA. — Angélica sabía esos versos; pero los decía cantando. ¿Sabes tú la música?

ADELA. — También (Canta.)

«Madrugaba el Conde de Olinos
mañanita de San Juan
a dar agua a su caballo
a las orillas del mar...»

NIÑOS (Acompañando el estribillo.) — A las orillas del mar...

ADELA *(Viendo al Abuelo, que bajaba la escalera y se ha detenido a escuchar.)*—¿Quiere algo, abuelo?

ABUELO.—Nada. Te miraba entre los niños, cantando esas cosas antiguas, y me parecía estar soñando. *(Llega junto a ella y la contempla.)* ¿Qué vestido es ése?

ADELA.—Madre quiso que me lo pusiera para la fiesta de esta noche. ¿No lo recuerda?

ABUELO.—¿Cómo había de olvidarlo? Angélica misma lo tejió y bordó el aljófar sobre el terciopelo. Lo estrenó una noche de San Juan, como hoy. *(Mira lo que está haciendo.)* ¿Y esa labor?

ADELA.—La encontré empezada, en el fondo del arca.

ABUELO.—¿Sabe la Madre que la estás haciendo?

ADELA.—Ella misma me encargó terminarla. ¿Le gusta? Después de cuatro años, los hilos están un poco pálidos. *(Levanta los ojos.)* ¿Por qué me mira así?

ABUELO.—Te encuentro cada día más cambiada... más parecida a Angélica.

ADELA.—Será el peinado. A Madre le gusta así.

ABUELO.—Yo, en cambio, preferiría que fueras tú misma en todo; sin tratar de parecerte a nadie.

ADELA.—Ojalá fuera yo como la que empezó este bordado.

ABUELO.—Eres como eres, y así está bien. Ahora, poniéndote sus vestidos y peinándote lo mismo, te estás pareciendo a ella tanto... que me da miedo.

ADELA.—Miedo, ¿por qué?

ABUELO.—No sé... Pero si te hubieran robado un tesoro y encontraras otro, no volverías a esconderlo en el mismo sitio.

ADELA.—No le entiendo, abuelo.

ABUELO.—Son cosas mías.

(Sale por la puerta del fondo, abierta de par en par, explorando el camino.)

ADELA.—¿Qué le pasa hoy al abuelo?

DORINA. —Toda la tarde está vigilando los caminos.

ANDRÉS. —Sí espera al gaitero, todavía es temprano. La fiesta no empieza hasta la noche.

FALÍN. —¿Iremos a ver las hogueras?

ADELA. —¡Y a bailar y a saltar por encima de la llama!

ANDRÉS. —¿De verdad? Antes nunca nos dejaban ir. ¡Y daba una rabia oír la fiesta desde aquí con las ventanas cerradas!

ADELA. —Eso ya pasó. Esta noche iremos todos juntos.

FALÍN. —¿Yo también?

ADELA *(Levantándolo en brazos.)*—¡Tú el primero, como un hombrecito! *(Lo besa sonoramente. Después lo deja nuevamente en el suelo dándole una palmada.)* ¡Hala! A buscar leña para la hoguera grande. ¿Qué hacéis aquí encerrados? El campo se ha hecho para correr.

NIÑOS. —¡A correr! ¡A correr!

FALÍN *(Se detiene en la puerta.)*—¿Puedo tirar piedras a los árboles?

ADELA. —¿Por qué no?

FALÍN. —El otro día tiré una a la higuera del cura, y todos me riñeron.

ADELA. —Estarían verdes los higos.

FALÍN. —No, pero estaba el cura debajo.

(Salen riendo. Adela ríe también. Entra Telva.)

ADELA Y TELVA

TELVA. —Gracias a Dios que se oye reír en esta casa.

ADELA *(Volviendo a su labor.)*—Son una gloria de criaturas.

TELVA. —Ahora sí; desde que van a la escuela y pueden correr a sus anchas, tienen por el día mejor color y por la noche mejor sueño. Pero tampoco conviene demasiada blandura.

ADELA.—No dan motivo para otra cosa.

TELVA.—De todas maneras; bien están los besos y los juegos, pero un azote a tiempo también es salud. Vinagre y miel sabe mal, pero hace bien.

ADELA.—Del vinagre ya se encargan ellos. Ayer Andrés anduvo de pelea y volvió a casa morado de golpes.

TELVA.—Mientras sea con otros de su edad, déjalos; así se hacen fuertes. Y los que no se pelean de pequeños lo hacen luego de mayores, que es peor. Es como el renacuajo, que mueve la cola, y dale y dale y dale... hasta que se la quita de encima. ¿Comprendes?

ADELA.—¡Tengo tanto que aprender todavía!

TELVA.—No tanto. Lo que tú has hecho aquí en unos pocos meses no lo había conseguido yo en años. ¡Ahí es nada! Una casa que vivía a oscuras, y un golpe de viento que abre de pronto todas las ventanas. Eso fuiste tú.

ADELA.—Aunque así fuera. Por mucho que haga no será bastante para pagarles todo el bien que les debo.

> (Telva termina de arreglar el vasar y se sienta junto a ella ayudándole a devanar una madeja.)

TELVA.—¿Podías hacer más? Desde que Angélica se nos fue, la desgracia se había metido en esta casa como un cuchillo por pan. Los niños, quietos en el rincón, la rueca llena de polvo, y el ama con sus ojos fijos y su rosario en la mano. Toda la casa parecía un reloj parado. Ahora ha vuelto a andar, y hay un pájaro para cantar las horas nuevas.

ADELA.—Más fueron ellos para mí. Pensar que no tenía nada, ni la esperanza siquiera, y cuando quise morir el cielo me lo dio todo de golpe: madre, abuelo hermanos. ¡Toda una vida empezada por otra para que la siguiera yo! *(Con una sombra en la voz, suspendiendo la labor.)* A veces pienso que es demasiado para ser verdad y que de pronto voy a despertarme sin nada otra vez a la orilla del río...

TELVA (*Santiguéndose rápida.*)—¿Quieres callar, malbocada? ¡Miren qué ideas para un día de fiesta! (*Le tiende nuevamente la madeja.*) ¿Por qué te has puesto triste de epente?

ADELA.—Triste no. Estaba pensando que siempre falta algo para ser feliz del todo.

TELVA.—¡Ahá! (*La mira. Voz confidencial.*) ¿Y ese algo... tiene los ojos negros y espuelas en las botas?

ADELA.—Martín.

TELVA.—Me lo imaginaba.

ADELA.—Los demás todos me quieren bien. ¿Por qué tiene que ser precisamente él, que me trajo a esta casa, el único que me mira como a una extraña? Nunca me ha dicho una buena palabra.

TELVA.—Es su carácter. Los hombres enteros son como el pan bien amasado: cuanto más dura tienen la corteza más tierna esconden la miga.

ADELA.—Si alguna vez quedamos solos, siempre encuentra una disculpa para irse. O se queda callado, con los ojos bajos, sin mirarme siquiera.

TELVA.—¿También eso? Malo, malo, malo. Cuando los hombres nos miran mucho, puede no pasar nada; pero cuando no se atreven a mirarnos, todo puede pasar.

ADELA.—¿Qué quiere usted decir?

TELVA.—¡Lo que tú te empeñas en callar! Mira, Adela, si quieres que nos encontremos, no me vengas nunca con rodeos. Las palabras difíciles hay que cogerlas sin miedo, como las brasas en los dedos. ¿Qué es lo que sientes tú por Martín?

ADELA.—El afán de pagarle de algún modo lo que hizo por mí. Me gustaría que me necesitara alguna vez; encenderle el fuego cuando tiene frío, o callar juntos cuando está triste, como dos hermanos.

TELVA.—¿Y nada más?

ADELA.—¿Qué más puedo esperar?

TELVA.—¿No se te ha ocurrido pensar que es dema-

siado joven para vivir solo, y que a su edad sobra la her
mana y falta la mujer?

ADELA.—¡Telva!... *(Se levanta asustada.)* ¿Pero cómo
puede imaginar tal cosa?

TELVA.—¿Y nada más?

ADELA.—Sería algo peor; una traición. Hasta ahora he
ido ocupando uno por uno todos los sitios de Angélica
sin hacer daño a su recuerdo. Pero queda el último, el má
sagrado. ¡Ése sigue siendo suyo y nadie debe entrar nunca
en él!

> *(Comienza a declinar la luz. Martín llega del campo. A
> verlas juntas se detiene un momento. Luego, se dirige a Telva*

TELVA, ADELA Y MARTÍN

MARTÍN.—¿Tienes por ahí alguna venda?

TELVA.—¿Para qué?

MARTÍN.—Tengo dislocada esta muñeca desde ayer
Hay que sujetarla.

TELVA.—A ti te hablan, Adela.

> *(Adela rasga una tira y se acerca a él.)*

ADELA.—¿Por qué no lo dijiste ayer mismo?

MARTÍN.—No me di cuenta. Debió de ser al descarga
el carro.

TELVA.—¿Ayer? Qué raro; no recuerdo que haya sa
lido el carro en todo el día.

MARTÍN *(Áspero.)*—Pues sería al podar el nogal, o a
uncir los bueyes. ¿Tengo que acordarme cómo fue?

TELVA.—Eso allá tú. Tuya es la mano.

ADELA *(Vendando con cuidado.)*—¿Te duele?

MARTÍN.—Aprieta fuerte. Más. *(La mira mientras ella
termina el vendaje.)* ¿Por qué te has puesto ese vestido?

ADELA.—No fue idea mía. Pero si no te gusta...

76

MARTÍN.—No necesitas ponerte vestidos de otra; puedes encargarte los que quieras. ¿No es tuya la casa? (*Comienza a subir la escalera. Se detiene un instante y dulcifica el tono, sin mirarla apenas.*) Y gracias.

TELVA.—Menos mal. Sólo te falta morder la mano que te cura. (*Sale Martín.*) ¡Lástima de vara de avellano!

ADELA (*Recogiendo su labor, pensativa.*)—Cuando mira los trigales no es así. Cuando acaricia a su caballo tampoco. Sólo es conmigo...

(*Entra la Madre, del campo.*)

MADRE, ADELA Y TELVA. *Después* QUICO

ADELA.—Ya iba a salir a buscarla. ¡Fue largo el paseo, eh!

MADRE.—Hasta las viñas. Está hermosa la tarde y ya huele a verano todo el campo.

TELVA.—¿Pasó por el pueblo?

MADRE.—Pasé. ¡Y qué desconocido está! La parra de la fragua llega hasta el corredor; en el huerto parroquial hay árboles nuevos. Y esos chicos se dan tanta prisa en crecer... Algunos ni me conocían.

TELVA.—Pues qué, ¿creía que el pueblo se había dormido todo este tiempo?

MADRE.—Hasta las casas parecen más blancas. Y en el sendero del molino han crecido rosales bravos.

TELVA.—¿También estuvo en el molino?

MADRE.—También. Por cierto que esperaba encontrarlo mejor atendido. ¿Dónde está Quico?

TELVA (*Llama en voz alta.*)—¡Quico!...

VOZ DE QUICO.—¡Va!...

MADRE.—Ven que te vea de cerca, niña. ¿Me están faltando los ojos o está oscureciendo ya?

ADELA.—Está oscureciendo.

(Telva enciende el quinqué.)

MADRE.—Suéltate un poco más el pelo… Así… *(Lo hace ella misma, acariciando cabellos y vestido.)* A ver ahora… *(La contempla entornando los ojos.)* Sí…, así era ella… Un poco más claros los ojos, pero la misma mirada.

(La besa en los ojos. Entra Quico, con un ramo en forma de corona adornado de cintas de colores.)

QUICO.—Mande, mi ama.

MADRE.—La presa del molino chorrea el agua como una cesta, y el tejado y la rueda están comidos de verdín. En la cantera del pomar hay buena losa. *(El mozo contempla a Adela embobado.)* ¿Me oyes?

QUICO.—¿Eh?… Sí, mi ama.

MADRE.—Para las palas de la rueda no hay madera como la de fresno. Y si puede ser mañana, mejor que pasado. ¿Me oyes o no?

QUICO.—¿Eh?… Sí, mi ama. Así se hará.

MADRE.—Ahora voy a vestirme yo también para la fiesta. El dengue de terciopelo y las arrancadas de plata, como en los buenos tiempos.

TELVA.—¿Va a bajar al baile?

MADRE.—Hace cuatro años que no veo arder las hogueras. ¿Te parece mal?

TELVA.—Al contrario. También a mí me está rebullendo la sangre, y si las piernas me responden, todavía va a ver esta mocedad del día lo que es bailar un perlindango.

ADELA *(Acompañando a la Madre.)*—¿Está cansada? Apóyese en mi brazo.

MADRE *(Subiendo con ella.)*—Gracias…, hija.

TELVA Y QUICO

TELVA.—Las viñas, el molino y hasta el baile de noche alrededor del fuego. ¡Quién la ha visto y quién la ve!…

(*Cambia el tono mirando a Quico que sigue con los ojos fijos en el sitio por donde salió Adela.*) Cuídate los ojos, rapaz, que se te van a escapar por la escalera.

QUICO.—¿Hay algo malo en mirar?

TELVA.—Fuera del tiempo que pierdes, no. ¿Merendaste ya?

QUICO.—Y fuerte. Pero, si lo hay, siempre queda un rincón para un cuartillo. (*Telva le sirve el vino. Entre tanto él sigue adornando su ramo.*) ¿Le gusta el ramo? Roble, acebo y laurel.

TELVA.—No está mal. ¿Pero por qué uno solo? Las hijas del alcalde son tres.

QUICO.—¡Y dale!

TELVA.—Claro que las otras pueden esperar. Todos los santos tienen octava, éste dos:

> «La noche de San Pedro
> te puse el ramo,
> la de San Juan no pude
> que estuve malo.»

QUICO.—No es para ellas. Eso ya pasó.

TELVA.—¿Hay alguna nueva?

QUICO.—No hace falta. Poner el ramo no es cortejar.

TELVA.—¡No pensarás colgarlo en la ventana de Adela!...

QUICO.—A muchos mozos les gustaría; pero ninguno se atreve.

TELVA.—¿No se atreven? ¿Por qué?

QUICO.—Por Martín.

TELVA.—¿Y qué tiene que ver Martín? ¿Es su marido o su novio?

QUICO.—Ya sé que no. Pero hay cosas que la gente no comprende.

TELVA.—¿Por ejemplo?

QUICO.—Por ejemplo... Que un hombre y una mujer jóvenes, que no son familia, vivan bajo el mismo techo.

79

TELVA.—¡Era lo que me faltaba oír! ¿Y eres tú, que los conoces y comes el pan de esta casa, el que se atreve a pensar eso? *(Empuñando la jarra.)* ¡Repítelo si eres hombre!

QUICO.—Eh, poco a poco, que yo no pienso nada. Usted me tira de la lengua, y yo digo lo que dicen por ahí.

TELVA.—¿Dónde es por ahí?

QUICO.—Pues, por ahí... En la quintana, en la taberna.

TELVA.—La taberna. Buena parroquia para decir misa. ¡Y buen tejado el de la taberna para tirarle piedras al del vecino! *(Se sienta a su lado y le sirve otro vaso.)* Vamos, habla. ¿Qué es lo que dice en su púlpito esa santa predicadora?

QUICO.—Cosas... Que si esto y que si lo otro y que si lo de más allá. Ya se sabe: la lengua es la navaja de las mujeres.

TELVA.—¡Díjolo Blas, punto redondo! ¿Y eso es todo? Además de ese caldo alguna tajada habría en el sermón. ¡Habla!

QUICO.—Que si Adela llegó sin tener dónde caerse muerta y ahora es el ama de la casa... Que si está robando todo lo que era de Angélica... Y que, si empezó ocupándole los manteles, por qué no había de terminar ocupándole las sábanas. Anoche estaba de gran risa comentándolo con el rabadán cuando llegó Martín.

TELVA.—¡Ay, mi Dios! ¿Martín lo oyó?

QUICO.—Nadie lo pudo evitar. Entró de repente pálido como la cera, volcó al rabadán encima de la mesa y luego quería obligarlo a ponerse de rodillas para decir el nombre de Adela. Entonces los mozos quisieron meterse por medio... y tuvieron unas palabras.

TELVA.—¡Ahá! Fuertes debieron ser las palabras porque ha habido que vendarle la mano. ¿Y después?

QUICO.—Después nada. Cada uno salió por donde pudo; él se quedó allí solo bebiendo... y buenas noches.

TELVA *(Recogiendo de golpe jarra y vaso.)*—Pues buenas noches, galán. Apréndete tú la lección por si acaso. Y dile de mi parte a la tabernera que deje en paz las honras ajenas y cuide la suya, si puede. ¡Que en cuestión de hombres, con la mitad de su pasado tendrían muchas honradas para hacerse un porvenir! ¡Largo de aquí, pelgar!... *(Ya en la puerta del fondo, a gritos.)* ¡Ah, y de paso puedes decirle también que le eche un poco más de vino al agua que vende!... ¡Ladrona! *(Queda sola rezongando.)* ¡Naturalmente! ¿De dónde iba a salir la piedra? El ojo malo todo lo ve dañado. ¡Y cómo iba a aguantar ésa una casa feliz sin meterse a infernar! *(Comienza a subir la escalera.)* ¡Lengua de hacha! ¡Ana Bolena! ¡Lagarta seca!... *(Vuelve el Abuelo.)*

ABUELO. — ¿Qué andas ahí rezongando?

TELVA *(De mal humor.)* — ¿Le importa mucho? ¿Y a usted qué tábano le picó que no hace más que entrar y salir y vigilar los caminos? ¿Espera a alguien?

ABUELO. — A nadie. ¿Dónde está Adela?

TELVA. — Ahora le digo que baje. Y anímela un poco; últimamente le andan malas neblinas por la cabeza. *(Sigue con su retahíla hasta desaparecer.)* ¡Bruja de escoba! ¡Lechuza vieja! ¡Mal rayo la parta, amén!

(Pausa. El Abuelo, inquieto, se asoma nuevamente a explorar el camino. Mira al cielo. Baja Adela.)

ABUELO Y ADELA

ADELA. — ¿Me mandó llamar, Abuelo?

ABUELO. — No es nada. Sólo quería verte. Saber que estabas bien.

ADELA. — ¿Qué podría pasarme? Hace un momento que nos hemos visto.

ABUELO. — Me decía Telva que te andaban rondando no sé qué ideas tristes por la cabeza.

ADELA. — Bah, tonterías. Pequeñas cosas, que una misma agranda porque a veces da gusto llorar sin saber por qué.

ABUELO.—¿Tienes algún motivo de queja?

ADELA.—¿Yo? Sería tentar al cielo. Tengo más de lo que pude soñar nunca. Madre se está vistiendo de fiesta para llevarme al baile; y hace la noche más hermosa del año. *(Desde el umbral del fondo.)* Mire, abuelo: todo el cielo está temblando de estrellas. ¡Y la luna está completamente redonda!

(El Abuelo se estremece al oír estas palabras. Repite en voz baja como una obsesión.)

ABUELO.—Completamente redonda... *(Mira también el cielo, junto a ella.)* Es la séptima vez desde que llegaste.

ADELA.—¿Tanto ya? ¡Qué cortos son los días aquí!

ABUELO *(La toma de los brazos, mirándola fijamente.)*—Dime la verdad, por lo que más quieras. ¿Eres verdaderamente feliz?

ADELA.—Todo lo que se puede ser en la vida.

ABUELO.—¿No me ocultas nada?

ADELA.—¿Por qué había de mentir?

ABUELO.—No puede ser... Tiene que haber algo. Algo que quizá tú misma no ves claro todavía. Que se está formando dentro, como esas nubes de pena que de pronto estallan... ¡y que sería tan fácil destruir si tuviéramos un buen amigo a quien contarlas a tiempo!

ADELA *(Inquieta a su vez.)*—No le entiendo, abuelo. Pero me parece que no soy yo la que está callando algo aquí. ¿Qué le pasa hoy?

ABUELO.—Serán imaginaciones. Si por lo menos pudiera creer que soñé aquel día. Pero no; fue la misma noche que llegaste tú..., hace siete lunas... ¡Y tú estás aquí, de carne y hueso!...

ADELA.—¿De qué sueño habla?

ABUELO.—No me hagas caso; no sé lo que digo. Tengo

a sensación de que nos rodea un gran peligro... que va a altarnos encima de repente, sin que podamos defender-os ni saber ni siquiera por dónde viene... ¿Tú has estado lguna vez sola en el monte cuando descarga la tor-nenta?

ADELA.—Nunca.

ABUELO.—Es la peor de las angustias. Sientes que el ayo está levantado en el aire como un látigo. Si te quedas uieto, lo tienes encima; si echas a correr, es la señal para ue te alcance. No puedes hacer nada más que esperar lo nvisible, conteniendo el aliento... ¡Y un miedo animal se e va metiendo en la carne, frío y temblando, como el norro de un caballo!

ADELA *(Lo mira asustada. Llama en voz alta.)*—¡Ma-re!...

ABUELO.—¡Silencio! No te asustes, criatura. ¿Por qué amas?

ADELA.—Por usted. Es tan extraño todo lo que está di-iendo...

ABUELO.—Ya pasó; tranquilízate. Y repíteme que no enes ningún mal pensamiento, que eres completamente eliz, para que yo también quede tranquilo.

ADELA.—¡Se lo juro! ¿Es que no me cree? Soy tan feliz ue no cambiaría un minuto de esta casa por todos s años que he vivido antes.

ABUELO.—Gracias. Adela. Ahora quiero pedirte una osa. Esta noche en el baile no te separes de mí. Si oyes ue alguna voz extraña te llama, apriétame fuerte la mano no te muevas de mi lado. ¿Me lo prometes?

ADELA.—Prometido.

(El Abuelo le estrecha las manos. De pronto presta atención.)

ABUELO.—¿Oyes algo?
ADELA.—Nada.
ABUELO.—Alguien se acerca por el camino de la era.

ADELA.—Rondadores quizá. Andan poniendo el ram
del cortejo en las ventajas.

ABUELO.—Ojalá...

(Sale hacia el corral. Adela queda preocupada mirándole
Luego, lentamente, se dirige a la puerta del fondo. Entonc
aparece la Peregrina en el umbral. Adela se detiene sorpre
dida.)

PEREGRINA Y ADELA. *Después* LOS NIÑOS

PEREGRINA.—Buenas noches, muchacha.

ADELA.—Dios la guarde, señora. ¿Busca a alguien de
casa?

PEREGRINA *(Entrando.)*—El abuelo estará esperánde
me. Somos buenos amigos, y tengo una cita aquí es
noche. ¿No me recuerdas?

ADELA.—Apenas... como desde muy lejos.

PEREGRINA.—Nos vimos sólo un momento, junto
fuego... cuando Martín te trajo del río. ¿Por qué cierr
los ojos?

ADELA.—No quiero recordar ese mal momento. M
vida empezó a la mañana siguiente.

PEREGRINA.—No hablabas así aquella noche. Al co
trario; te oí decir que en el agua era todo más hermoso
más fácil.

ADELA.—Estaba desesperada. No supe lo que decía.

PEREGRINA.—Comprendo. Cada hora tiene su ve
dad. Hoy tienes otros ojos y un vestido de fiesta; es nat
ral que tus palabras sean de fiesta también. Pero ten cuid
do: no las cambies al cambiar el vestido.

(Deja el bordón. Llegan corriendo los niños y la rodean g
zosos.)

DORINA.—¡Es la andariega de las manos blancas!

FALÍN.—¡Nos hemos acordado tanto de ti! ¿Vienes para la fiesta?

ANDRÉS.—¡Yo voy a saltar la hoguera como los grandes! ¿Vendrás con nosotros?

PEREGRINA.—No. Cuando los niños saltan por encima del fuego no quisiera nunca estar allí. *(A Adela.)* Son mis mejores amigos. Ellos me acompañarán.

ADELA.—¿No necesita nada de mí?

PEREGRINA.—Todavía no. ¿Irás luego al baile?

ADELA.—A medianoche; cuando enciendan las hogueras.

PEREGRINA.—Las hogueras se encienden al borde del agua, ¿verdad?

ADELA.—Junto al remanso.

PEREGRINA *(La mira fijamente.)*—Está bien. Volveremos a vernos... en el remanso.

(Adela baja los ojos impresionada, y sale por el fondo.)

PEREGRINA Y LOS NIÑOS

FALÍN.—¿Por qué tardaste tanto en volver?

ANDRÉS.—¡Ya creíamos que no llegabas nunca!

DORINA.—¿Has caminado mucho en este tiempo?

PEREGRINA.—Mucho. He estado en los montes de nieve, y en los desiertos de arena, y en la galerna del mar... Cien países distintos, millares de caminos... y un solo punto de llegada para todos.

DORINA.—¡Qué hermoso viajar tanto!

FALÍN.—¿No descansas nunca?

PEREGRINA.—Nunca. Sólo aquí me dormí una vez.

ANDRÉS.—Pero hoy no es noche de dormir. ¡Es la fiesta de San Juan!

DORINA.—¿En los otros pueblos también encienden hogueras?

PEREGRINA.—En todos.

FALÍN.—¿Por qué?

PEREGRINA.—En honor del sol. Es el día más largo del año, y la noche más corta.

FALÍN.—Y el agua, ¿no es la misma de todos los días?

PEREGRINA.—Parece; pero no es la misma.

ANDRÉS.—Dicen que bañando las ovejas a medianoche se libran de los lobos.

DORINA.—Y la moza que coge la flor del agua al amanecer se casa dentro del año.

FALÍN.—¿Por qué es milagrosa el agua esta noche?

PEREGRINA.—Porque es la fiesta del Bautista. En un día como éste bautizaron a Cristo.

DORINA.—Yo lo he visto en un libro; San Juan lleva una piel de ciervo alrededor de la cintura, y el Señor está metido hasta las rodillas en el mar.

ANDRÉS.—¡En un río!

DORINA.—Es igual.

ANDRÉS.—No es igual. El mar es cuando hay una orilla; el río cuando hay dos.

FALÍN.—Pero eso fue hace mucho tiempo, y lejos. No fue en el agua de aquí.

PEREGRINA.—No importa. Esta noche todos los ríos del mundo llevan una gota del Jordán. Por eso es milagrosa el agua.

(Los niños la miran fascinados. Ella les acaricia los cabellos. Vuelve el Abuelo y al verla entre los niños sofoca un grito.)

ABUELO.—¡Deja los niños! ¡No quiero ver tus manos sobre su cabeza!

(Se oye, lejos, música de gaita y tamboril. Los niños se levantan alborozados.)

ANDRÉS.—¿Oyes? ¡La gaita, abuelo!

DORINA Y FALÍN.—¡La música! ¡Ya viene la música! *(Salen corriendo por el fondo.)*

PEREGRINA Y ABUELO

ABUELO. — Por fin has vuelto.

PEREGRINA. — ¿No me esperabas?

ABUELO. — Tenía la esperanza de que te hubieras olvidado de nosotros.

PEREGRINA. — Nunca falto a mis promesas. Por mucho que me duela a veces.

ABUELO. — No creo en tu dolor. Si lo sintieras, no habrías elegido para venir la noche más hermosa del año.

PEREGRINA. — Yo no puedo elegir. Me limito a obedecer.

ABUELO. — ¡Mentira! ¿Por qué me engañaste aquel día? Me dijiste que si no venías te llamaría yo mismo. ¿Te he llamado acaso? ¿Te ha llamado ella?

PEREGRINA. — Aún es tiempo. La noche no ha hecho más que empezar, ¡y pueden ocurrir tantas cosas!

ABUELO. — Pasa de largo, te lo pido de rodillas. Bastante daño has hecho ya a esta casa.

PEREGRINA. — No puedo regresar sola.

ABUELO. — Llévame a mí si quieres. Llévate mis ganados, mis cosechas, todo lo que tengo. Pero no dejes vacía mi casa otra vez, como cuando te llevaste a Angélica.

PEREGRINA *(Tratando de recordar.)* — Angélica... ¿Quién es esa Angélica de la que todos habláis?

ABUELO. — ¿Y eres tú quien lo pregunta? ¿Tú que nos la robaste?

PEREGRINA. — ¿Yo?

ABUELO. — ¿No recuerdas una noche de diciembre, en el remanso... hace cuatro años? *(Mostrándole un medallón que saca del pecho.)* Mírala aquí. Todavía llevaba en los oídos las canciones de boda, y el gusto del primer amor entre los labios. ¿Qué has hecho de ella?

PEREGRINA *(Contemplando el medallón.)* — Hermosa muchacha... ¿Era la esposa de Martín?

87

ABUELO.—Tres días lo fue. ¿No lo sabes? ¿Por qué finges no recordarla ahora?

PEREGRINA.—Yo no miento, abuelo. Te digo que no la conozco. ¡No la he visto nunca! *(Le devuelve el medallón.)*

ABUELO *(La mira sin atreverse a creer.)*—¿No la has visto?

PEREGRINA.—Nunca.

ABUELO.—Pero, entonces... ¿Dónde está? *(Tomándola de los brazos con profunda emoción.)* ¡Habla!

PEREGRINA.—¿La buscasteis en el río?

ABUELO.—Y todo el pueblo con nosotros. Pero sólo encontramos el pañuelo que llevaba en los hombros.

PEREGRINA.—¿La buscó Martín también?

ABUELO.—Él no. Se encerraba en su cuarto apretando los puños. *(La mira, inquieto de pronto.)* ¿Por qué lo preguntas?

PEREGRINA.—No sé... Hay aquí algo oscuro que a los dos nos importa averiguar.

ABUELO.—Si no sabes tú, ¿quién puede saberlo?

PEREGRINA.—El que más cerca estuviera de ella.

ABUELO.—¿Quién?

PEREGRINA.—Quizás el mismo Martín...

ABUELO.—No es posible. ¿Por qué había de engañarnos?...

PEREGRINA.—Ése es el secreto. *(Rápida, bajando la voz.)* Silencio, abuelo. Él baja. Déjame sola.

ABUELO.—¿Qué es lo que te propones?

PEREGRINA *(Imperativa.)*—¡Saber! Déjame. *(Sale e Abuelo por la izquierda. La Peregrina llega al umbral de fondo, y llama en voz alta.)* ¡Adela!...

(Después, antes que Martín aparezca, se desliza furtivamen te por primera derecha. Martín baja. Llega Adela.)

MARTÍN Y ADELA

ADELA. —¿Me llamabas?

MARTÍN. —Yo no.

ADELA. —Qué extraño. Me pareció oír una voz.

MARTÍN. —En tu busca iba. Tengo algo que decirte.

ADELA. —Muy importante ha de ser para que me busques. Hasta ahora siempre has huido de mí.

MARTÍN. —No soy hombre de muchas palabras. Y lo que tengo que decirte esta noche cabe en una sola. Adiós.

ADELA. —¿Adiós?... ¿Sales de viaje?

MARTÍN. —Mañana, con los arrieros, a Castilla.

ADELA. —¡Tan lejos! ¿Lo saben los otros?

MARTÍN. —Todavía no. Tenía que decírtelo a ti la primera.

ADELA. —Tú sabrás por qué. ¿Vas a estar fuera mucho tiempo?

MARTÍN. —El que haga falta. No depende de mí.

ADELA. —No te entiendo. Un viaje largo no se decide así de repente y a escondidas, como una fuga. ¿Qué tienes que hacer en Castilla?

MARTÍN. —Qué importa; compraré ganados o renuevos para las viñas. Lo único que necesito es estar lejos. Es mejor para los dos.

ADELA. —¿Para los dos? ¿Es decir, que soy yo la que te estorba?

MARTÍN. —Tú no; el pueblo entero. Estamos viviendo bajo el mismo techo, y no quiero que tu nombre ande de boca en boca.

ADELA. —¿Qué pueden decir de nosotros? Como a un hermano te miré desde el primer día, y si algo hay sagrado para mí es el recuerdo de Angélica. *(Acercándose a él.)* No, Martín, tú no eres un cobarde para huir así de los perros que ladran. Tiene que haber algo más hondo. ¡Mírame a los ojos! ¿Hay algo más?

MARTÍN (*Esquivo.*)—¡Déjame!...

ADELA.—Si no es más que la malicia de la gente, yo les saldré al paso por los dos. ¡Puedo gritarles en la cara que es mentira!

MARTÍN (*Con arrebato repentino.*)—¡Y de qué sirve que lo grites tú si no puedo gritarlo yo! Si te huyo cuando estamos solos, si no me atrevo a hablarte ni a mirarte de frente, es porque quisiera defenderme contra lo imposible..., ¡contra lo que ellos han sabido antes que yo mismo! ¡De qué me vale morderme los brazos y retorcerme entre las sábanas diciendo ¡no! si todas mis entrañas rebeldes gritan que sí!...

ADELA.—¡Martín!...

(*Adela tarda en reaccionar, como si despertara.*)

MARTÍN (*Dominándose con esfuerzo.*)—No hubiera querido decírtelo, pero ha sido más fuerte que yo. Perdona...

ADELA.—Perdonar... Qué extraño me suena eso ahora. Yo soy la que tendría que pedir perdón, y no sé a quién ni por qué. ¿Qué es lo que está pasando por mí? Debería echarme a llorar ¡y toda la sangre me canta por las venas arriba! Me daba miedo que algún día pudieras decirme esas palabras ¡y ahora que te las oigo, ya no quisiera escuchar ninguna más!...

MARTÍN (*Tomándola en brazos.*)—Adela...

ADELA (*Entregándose.*)—¡Ninguna más!...

(*Martín la besa en un silencio violento. Pausa.*)

MARTÍN.—¿Qué va a ser de nosotros ahora?...

ADELA.—¡Qué importa ya! Me has dicho que me quieres, y aunque sea imposible, el habértelo oído una sola vez vale toda una vida. Ahora, si alguien tiene que marcharse de esta casa, seré yo la que salga.

MARTÍN.—¡Eso no!

ADELA.—Es necesario. ¿Crees que la Madre podría aceptar nunca otra cosa? Nuestro amor sería para ella la peor traición al recuerdo de Angélica.

MARTÍN.—¿Y crees tú que si Angélica fuera sólo un recuerdo tendría fuerza para separarnos? ¡Los muertos no mandan!

ADELA.—Ella sí. Su voluntad sigue viviendo aquí, y yo seré la primera en obedecer.

MARTÍN *(Resuelto.)*—Escúchame, Adela. ¡No puedo más! Necesito compartir con alguien esta verdad que se me está pudriendo dentro. Angélica no era esa imagen hermosa que soñáis. Todo ese encanto que hoy la rodea con reflejos de agua, todo es un recuerdo falso.

ADELA.—¡No, calla! ¿Cómo puedes hablar así de una mujer a quien has querido?

MARTÍN.—Demasiado. Ojalá no la hubiese querido tanto. ¡Pero a ti no te engañaré! Tú tienes que saber que toda su vida fue una mentira. Como lo fue también su muerte.

ADELA.—¿Qué quieres decir?

MARTÍN.—¿No lo has comprendido aún? Angélica vive. Por eso nos separa.

ADELA.—¡No es posible!... *(Se deja caer en un asiento, repitiendo la idea sin sentido.)* No es posible... *(Con la frente entre las manos escucha la narración de Martín.)*

MARTÍN.—Mientras fuimos novios, era eso que todos recuerdan: una ternura fiel, una mirada sin sombra y una risa feliz que penetraba desde lejos como el olor de la yerba segada. Hasta que hizo el viaje para encargar las galas de la boda. Con pocos días hubiera bastado, pero tardó varias semanas. Cuando volvió no era la misma; traía cobardes los ojos, y algo como la arena del agua se le arrastraba en la voz. Al decir el juramento en la iglesia apenas podía respirar; y al poner el anillo las manos le temblaban... tanto, que mi orgullo de hombre se lo agradeció. Ni siquiera me fijé en aquel desconocido que asistía

91

a la ceremonia desde lejos, sacudiéndose con la fusta el polvo de las botas. Durante tres días tuvo fiebre, y mientras me creía dormido la oía llorar en silencio mordiendo la almohada. A la tercera noche, cuando la vi salir hacia el río y corrí detrás, ya era tarde; ella misma desató la barca y cruzó a la otra orilla donde la esperaba aquel hombre con dos caballos...

ADELA *(Con ira celosa.)*—¿Y los dejaste marchar así? ¡Tú, el mejor jinete de la sierra, llorando entre los juncos!

MARTÍN.—Toda la noche galopé inútilmente, con la escopeta al hombro y las espuelas chorreando sangre. Hasta que el sol me pegó como una pedrada en los ojos.

ADELA.—¿Por qué callaste al volver?

MARTÍN.—¿Podía hacer otra cosa? En el primer momento ni siquiera lo pensé. Pero cuando encontraron su pañuelo en el remanso y empezó a correr la voz de que se había ahogado, comprendí que debía callar. Era lo mejor.

ADELA.—¿Lo hiciste pensando en la madre y los hermanos?

MARTÍN.—No.

ADELA.—¿Por ti mismo? ¿Por cubrir tu honra de hombre?

MARTÍN.—No, Adela, no me juzgues tan pequeño; lo hice sólo por ella. Un amor no se pierde de repente... y decir la verdad era como desnudarla delante del pueblo entero. ¿Comprendes ahora por qué me voy? ¡Porque te quiero y no puedo decírtelo honradamente! Tú podías ser para mí todo lo que ella no fue. ¡Y no puedo resistir esta casa donde todos la bendicen, mientras yo tengo que maldecirla dos veces: por el amor que entonces no me dio, y por el que ahora me está quitando desde lejos! Adiós, Adela...

> *(Sale dominándose. Adela, sola rompe a llorar. La Peregrina aparece en el umbral y, con los ojos iluminados la contempla en silencio. Vuelve a oírse lejos el grito alegre de la gaita. Entran los niños y corren hacia Adela.)*

FALÍN.—¡Ya van a encender la primera hoguera!

DORINA.—¡Están adornando de espadañas la barca ara cruzar el río!

ANDRÉS.—¡Y las mozas bajan cantando, coronadas de éboles!

DORINA.—Va a empezar el baile. ¿Nos llevas?

(Adela, escondiendo el llanto, sube rápido la escalera. Los niños la miran sorprendidos y se vuelven a la Peregrina.)

PEREGRINA Y NIÑOS

DORINA.—¿Por qué llora Adela?

PEREGRINA.—Porque tiene veinte años… ¡y hace una oche tan hermosa!…

ANDRÉS.—En cambio, tú pareces muy contenta. Cómo te brillan los ojos!

PEREGRINA.—Es que no acababa de comprender la isión que me ha traído a esta casa… ¡y ahora, de repen-, lo veo todo tan claro!

FALÍN.—¿Qué es lo que ves tan claro?

PEREGRINA.—Una historia verdadera que parece ento. Algún día, cuando seáis viejos como yo, se la con-réis a vuestros nietos. ¿Queréis oírla?

NIÑOS.—Cuenta, cuenta… *(Se sientan en el suelo fren-a ella.)*

PEREGRINA.—Una vez en un pueblo pequeño, con cas de color de miel y pomaradas de flor blanca entre los mpos de maíz. Una aldea, tranquila como un rebaño a orilla del río.

FALÍN.—¿Cómo ésta?

PEREGRINA.—Como ésta. En el río había un remolino ofundo de hojas secas, adonde no dejaban acercarse a s niños. Era el monstruo de la aldea. Y decían que en el ndo había otro pueblo sumergido, con su iglesia verde

93

tupida de raíces y sus campanas milagrosas, que se oían a
veces la noche de San Juan...

ANDRÉS. —¿Cómo el remanso?

PEREGRINA. —Como el remanso. En aquella aldea vi
vía una muchacha de alma tan hermosa, que no parecía d
este mundo. Todas imitaban su peinado y sus vestidos
los viejos se descubrían a su paso, y las mujeres le traían
los hijos enfermos para que los tocara con sus manos.

DORINA. —¿Cómo Angélica?

PEREGRINA. —Como Angélica. Un día la muchach
desapareció en el remanso. Se había ido a vivir a las casa
profundas donde los peces golpeaban las ventanas com
pájaros fríos; y fue inútil que el pueblo entero la llamara
gritos desde arriba. Estaba como dormida, en un sueño d
niebla, paseando por los jardines de musgo sus cabello
flotantes y la ternura lenta de sus manos sin peso. As
pasaron los días y los años... Ya todos empezaban
olvidarla. Sólo la Madre, con los ojos fijos, la esperab
todavía... Y por fin el milagro se hizo. Una noche d
hogueras y canciones, la bella durmiente del río fue en
contrada, más hermosa que nunca. Respetada por el agu
y los peces, tenía los cabellos limpios, las manos tibia
todavía, y en los labios una sonrisa de paz... como si lo
años del fondo hubieran sido sólo un instante.

(Los niños callan un momento impresionados.)

DORINA. —¡Qué historia tan extraña!... ¿Cuándo ocu
rrió eso?

PEREGRINA. —No ha ocurrido todavía. Pero ya est
cerca... ¿No os acordáis?... ¡Esta noche todos los ríos d
mundo llevan una gota del Jordán!

Telón

ACTO CUARTO

En el mismo lugar, horas después. El mantel puesto en la mesa indica que la familia ha cenado ya. Desde antes de alzarse el telón se oye al fondo la música saltera de gaita y tamboril, que termina con la estridencia viril del grito.

Se acerca el rumor del mocerío entre voces y risas. La escena, sola.

VOCES *(Confusamente desde fuera.)*—¡A la casa de Narcés! Es la única que falta. Bien pueden, que todo les sobra. ¡Leña para el santo y mozas para el baile!

(Por la puerta del fondo, que sigue abierta de par en par, irrumpen varias mozas sanjuaneras y otros tantos bigardos.)

MOZO 1.º—¡Ah de la casa!... ¿Se ha dormido la gente?
MOZAS.—¡Adela!... ¡Adela!...

(Llega Quico del corral.)

QUICO.—Menos gritos, que estamos bajo techo. ¿Qué ndáis buscando?

MOZO 2.º—¿Dónde está Adela?

SANJUANERA 1.ª—No la vais a tener encerrada esta oche como las onzas del moro.

MOZO 1.º—Suéltala, hombre, que no te la vamos a obar.

QUICO.—¿Soy yo el que manda en la casa? Si Adela uiere bajar al baile, no ha de faltarle quien la acompañe.

SANJUANERA 2.ª—¿Martín?

SANJUANERA 3.ª—No lo creo. Por ahí anda, huido, irando el fuego desde lejos, como los lobos en invierno.

95

MOZO 1.º—¿Por qué no la bajas tú?

SANJUANERA 1.ª—Vergüenza os debía dar. Una moza
como un sol de mayo, dos hombres jóvenes en la casa y la
única ventana soltera que no tiene ramo.

QUICO.—Yo no le he pedido consejo a nadie. Conque
si son palabras lo que venís buscando, ya os podéis volver.

MOZO 2.º—Leña es lo que queremos. Hace falta en la
hoguera.

SANJUANERA 1.ª—La de este año tiene que dejar recuerdo. Más alto que los árboles ha de llegar, hasta que caliente el río y piensen en la sierra que está amaneciendo.

QUICO.—Como no le prendáis fuego al monte.

MOZO 1.º—Poco menos. La Mayorazga nos dio dos
carros de sarmiento seco.

SANJUANERA 2.ª—El alcalde, toda la poda del castañar.

MOZO 2.º—Y los de la mina arrancaron de cuajo el
carbayón, con raíces y todo.

SANJUANERA 1.ª—Ahora lo bajaban en hombros por
la cuesta, entre gritos y dinamita, como los cazadores
cuando traen el oso.

SANJUANERA 3.ª—La casa de Narcés nunca se queda
atrás. ¿Qué tenéis para la fiesta?

QUICO.—Eso el ama dirá.

VOCES (Llamando a gritos.)—¡Telva!... ¡Telvona!...

(Aparece Telva en la escalera, alhajada y vestida de fiesta
terminando de ponerse el manto.)

DICHOS Y TELVA

TELVA.—¿Qué gritos son ésos?

SANJUANERA 1.ª—¿Hay algo para el santo?

TELVA.—Más bajo, rapaza, que tengo muy orgullosas
las orejas, y si me hablan fuerte no oigo.

QUICO.—Son las sanjuaneras, que andan buscando leña de casa en casa.

TELVA.—Bien está. Lo que es de ley no hay que pedirlo a gritos.

MOZO 1.º—¿Qué podemos llevar?

TELVA.—En el corral hay un carro de árgomas, y un buen par de bueyes esperando el yugo. Acompáñalos, Quico.

(Salen los mozos con Quico hacia el corral.)

SANJUANERA 2.ª—El árgoma es la que hace mejor fuego: da roja la llama y repica como unas castañuelas al arder.

SANJUANERA 3.ª—Yo prefiero el brezo con sus campanillas moradas; arde más tranquilo y huele a siesta de verano.

SANJUANERA 2.ª—En cambio, la ginesta suelta chispas y se retuerce en la hoguera como una bruja verde.

TELVA.—Muy parleras estáis... Y galanas, así Dios me salve.

SANJUANERA 1.ª—Pues tampoco usted se quedó corta. ¡Vaya si está guapetona la comadre!

TELVA.—Donde hubo fuego, brasa queda. A ver, a ver que os vea. ¡Viva el lujo y quien lo trujo! ¿Quedó algo en el arca, o lleváis todo el traperío encima?

SANJUANERA 1.ª—Un día es un día. No todo va a ser camisa de bombasí y refajo amarillo.

TELVA.—Ya veo, ya. Zapatos de tafilete, saya y sobre-saya, juboncillo bordado y el mantellín de abalorios. ¡Todo el año hilando para lucir una noche!

SANJUANERA 3.ª—Lástima que sea la más corta del año.

SANJUANERA 4.ª—Bien lo dice el cantar:

«Ya vino san Juan Verde
ya vino y ya se vuelve...»

SANJUANERA 1.ª—Pero mientras viene y se va, cad
hora puede traer un milagro.

TELVA.—Ojo, que algunos los hace el diablo y hay qu
llorarlos después.

SANJUANERA 3.ª—¡Quién piensa en llorar un dí
como éste! ¿Usted no fue nunca moza?

TELVA.—Porque lo fui lo digo. El fuego encandila e
sentido, y la gaita rebrinca por dentro como un vin
fuerte... y luego es peligroso perderse por los maizale
calientes de luna.

SANJUANERA 1.ª—Alegría es lo que pide el santo. A
que no canta esta noche no lo miran sus ojos.

SANJUANERA 2.ª—Yo ya he puesto al sereno la sa
para las vacas. Dándosela con el orvallo del amanece
siempre paren hembras.

SANJUANERA 3.ª—Yo he tendido la camisa al roc í
para que me traiga amores y me libre del mal.

SANJUANERA 1.ª—Y yo tiraré todos mis alfileres a
agua al rayar el alba; por cada uno que flota hay un añ
feliz.

TELVA.—Demasiados milagros para una sola noche
Este año, por marzo, hubo en la aldea cuatro bautizos.

SANJUANERA 1.ª—¿Y eso qué tiene que ver?

TELVA.—San Juan cae en junio. ¿Sabes contar, moza

SANJUANERA 2.ª—Miren la vieja maliciosa con lo qu
sale...

SANJUANERA 1.ª—No tendrá muy tranquila la con
ciencia cuando piensa así de las otras. Cada una se lleva l
lengua adonde le duele la muela.

TELVA.—De las muelas nada te digo, porque no m
quedan. Pero la conciencia, mira si la tendré limpia, qu
sólo me confieso una vez al año, y tres «Avemarías
santas pascuas. En cambio, tú no lo pagas con cuarent
credos. (A la otra.) Y tú, mosquita muerta, ¿qué demonio
confesaste para tener que subir descalza a la Virgen de
Acebo?

98

SANJUANERA 4.ª—No fue penitencia; fue una promesa. Estuve enferma de un mal de aire.

TELVA.—Válgame Dios. ¿Mal de aire se llama ahora?

SANJUANERA 1.ª—No le hagáis caso. ¿No veis que lo que quiere es que le regalen el oído? Bien dice el dicho que los viejos y el horno por la boca se calientan.

(Risas. Vuelven los mozos, menos Quico.)

MOZO 1.º—Ya está saliendo el carro. ¿Queréis subir?

SANJUANERA 2.ª—¿Juntos…?

TELVA.—Anda, que no te vas a asustar. Y el santo tampoco; el pobre ya está acostumbrado, y él no tiene la culpa si su fiesta viene con el primer trallazo del verano. *(Espantándolas como gallinas.)* ¡Aire! ¡A calentarse al fogueral, y a coger el trébole!

MOZO 1.º—¡Todos!… ¡Usted también, comadre!…

(La rodean a la fuerza, cantando, trenzados de las manos, y empujándola al son del corre-calle.)

> «¡A coger el trébole,
> el trébole, el trébole,
> a coger el trébole
> la noche de San Juan!»

(Van saliendo por el fondo.)

> «¡A coger el trébole
> el trébole, el trébole
> a coger el trébole
> los mis amores van…!»

(Martín llega del campo. Desde la puerta contempla al mocerío que se aleja entre gritos y risas con Telva. Por la escalera aparece Adela llamando.)

99

ADELA Y MARTÍN

ADELA.—¡Telva!... ¡Telva!...

MARTÍN.—Las sanjuaneras se la llevan. La están subiendo al carro a la fuerza. *(Entra.)* ¿Querías algo de ella?

ADELA *(Bajando.)*—Sólo una pregunta. Pero quizá puedas contestarla tú mejor. Al abrir la ventana de mi cuarto la encontré cuajada de flor blanca.

MARTÍN.—De espino y cerezo. Los que vean el ramo sabrán quién lo ha puesto ahí, y lo que ese color blanco quiere decir.

ADELA.—Gracias, Martín... Me gusta que te hayas acordado, pero no era necesario.

MARTÍN.—¿Iba a consentir que tu ventana fuera la única desnuda?

ADELA.—Con las palabras que me dijiste antes ya me diste más de lo que podía esperar. La flor de cerezo se irá mañana con el viento; las palabras, no.

MARTÍN.—Yo seguiré pensándolas a todas horas, y con tanta fuerza, que si cierras los ojos podrás oírlas desde lejos.

ADELA.—¿Cuándo te vas?

MARTÍN.—Mañana, al amanecer.

ADELA *(Hondamente.)*—Olvidemos que esta noche es la última. Quizá mañana ya no necesites irte.

MARTÍN.—¿Por qué? ¿Puede alguien borrar esa sombra negra que está entre los dos? ¿O quieres verme morir de sed junto a la fuente?

ADELA.—Sólo te he pedido que lo olvides esta noche.

MARTÍN.—Lo olvidaremos juntos, bailando ante el pueblo entero. Aunque sea por una sola vez, quiero que te vean todos limpiamente entre mis brazos. ¡Que vean mis ojos atados a los tuyos, como está mi ramo atado a tu ventana!

ADELA.—Lo sé yo, y eso me basta... Calla..., alguien baja.

MARTÍN *(En voz baja, tomándole las manos.)*—¿Te espero en el baile?

ADELA.—Iré.

MARTÍN.—Hasta luego, Adela.

ADELA.—Hasta siempre, Martín.

> *(Sale Martín por el fondo. En la escalera aparece la Madre vestida de fiesta, con la severa elegancia del señorío labrador. Trae la cabeza descubierta, un cirio votivo y un pañolón al brazo.)*

MADRE Y ADELA

MADRE.—¿Dónde está mi mantilla? No la encuentro en la cómoda.

ADELA.—Aquí la tengo. *(La busca en el costurero.)* ¿Va a ponérsela para bajar al baile?

MADRE.—Antes tengo que pasar por la capilla. Le debo esta vela al santo. Y tengo que dar gracias a Dios por tantas cosas. *(Se sienta. Adela le prende la mantilla mientras hablan.)*

ADELA.—¿Le había pedido algo?

MADRE.—Muchas cosas que quizá no puedan ser nunca. Pero lo mejor de todo me lo dio sin pedírselo el día que te trajo a ti. ¡Y pensar que entonces no supe agradecértelo..., que estuve a punto de cerrarte esa puerta!

ADELA.—No recuerde eso, madre.

MADRE.—Ahora que ya pasó quiero decírtelo para que me perdones aquellos días en que te miraba con rencor, como a una intrusa. Tú lo comprendes, ¿verdad? La primera vez que te sentaste a la mesa frente a mí, tú no sabías que aquél era el sitio de ella... donde nadie había vuelto a sentarse. Yo no vivía más que para recordar, y cada palabra tuya era un silencio de ella que me quitabas.

Cada beso que te daban los niños me parecía un beso que le estabas robando a ella...

ADELA.—No me di cuenta hasta después. Por eso quise irme.

MADRE.—Entonces ya no podía dejarte yo. Ya había comprendido la gran lección: que el mismo río que me quitó una hija me devolvía otra, para que mi amor no fuera una locura vacía. *(Pausa. La mira amorosamente, acariciándole las manos. Se levanta.)* ¿Conoces este pañuelo? Es el que llevaba Angélica en los hombros la última noche. Se lo había regalado Martín. *(Lo pone en los hombros de Adela.)* Ya tiene sitio también.

ADELA *(Turbada. Sin voz.)*—Gracias...

MADRE.—Ahora respóndeme lealmente, de mujer a mujer. ¿Qué es Martín para ti?

ADELA *(La mira con miedo.)*—¿Por qué me pregunta eso?

MADRE.—Responde. ¿Qué es Martín para ti?

ADELA.—Nada, ¡se lo juro!

MADRE.—Entonces, ¿por qué tiemblas?... ¿Por qué no me miras de frente como antes?

ADELA.—¡Se lo juro, madre! Ni Martín ni yo seríamos capaces de traicionar ese recuerdo.

MADRE.—¿Lo traiciono yo cuando te llamo hija? *(Le pone las manos sobre los hombros, tranquilizándola.)* Escucha, Adela. Muchas veces pensé que podía llegar este momento. Y no quiero que sufras inútilmente por mí. ¿Tú sabes que Martín te quiere?...

ADELA.—¡No!...

MADRE.—Yo sí, lo sé desde hace tiempo... El primer día que se lo vi en los ojos sentí como un escalofrío que me sacudía toda, y se me crisparon los dedos. ¡Era como si Angélica se levantara celosa dentro de mi sangre! Tardé en acostumbrarme a la idea... Pero ya pasó.

ADELA *(Angustiada.)*—Para mí no... Para mí está empezando ahora...

MADRE.—Si tú no sientes lo mismo, olvida lo que te he dicho. Pero si lo quieres, no trates de ahogar ese amor pensando que ha de dolerme. Ya estoy resignada.

ADELA *(Conteniendo el llanto.)*—Por lo que más quiera..., calle. No puede imaginar siquiera todo el daño que me está haciendo al decirme esas palabras hoy..., precisamente hoy.

MADRE *(Recogiendo su cirio para salir.)*—No trato de señalarte un camino. Sólo quería decirte que si eliges ése, yo no seré un estorbo. Es la ley de la vida.

> *(Sale. Adela se deja caer agobiada en la silla, pensando obsesivamente, con los ojos fijos. En el umbral de la derecha aparece la Peregrina y la contempla como si la oyera pensar.)*

PEREGRINA Y ADELA

ADELA.—Elegir un camino... ¡Por qué me sacaron del que había elegido ya si no podían darme otro mejor! *(Con angustia, arrancándose el pañuelo del cuello.)* ¡Y este pañuelo que se me abraza al cuello como un recuerdo de agua!

> *(Repentinamente parece tomar una decisión. Se pone nuevamente el pañuelo y hace ademán de levantarse. La Peregrina la detiene poniéndole una mano imperativa sobre el hombro.)*

PEREGRINA.—No, Adela. ¡Eso no! ¿Crees que el río sería una solución?

ADELA.—¡Si supiera yo misma lo que quiero! Ayer todo me parecía fácil. Hoy no hay más que un muro de sombras que me aprietan.

PEREGRINA.—Ayer no sabías aún que estabas enamorada...

ADELA.—¿Es esto el amor?

PEREGRINA.—No, eso es el miedo de perderlo. El

amor es lo que sentías hasta ahora sin saberlo. Ese travieso misterio que os llena la sangre de alfileres y la garganta de pájaros.

ADELA.—¿Por qué lo pintan feliz si duele tanto? ¿Usted no lo ha sentido alguna vez?

PEREGRINA.—Nunca. Pero casi siempre estamos juntos. ¡Y cómo os envidio a las que podéis sentir ese dolor que se ciñe a la carne como un cinturón de clavos, pero que ninguna quisiera arrancarse!

ADELA.—El mío es peor. Es como una quemadura en las raíces..., como un grito enterrado que no encuentra salida.

PEREGRINA.—Quizá. Yo del amor no conozco más que las palabras que tienen alrededor y ni siquiera todas. Sé que por las tardes, bajo los castaños, tiene dulces las manos y una voz tranquila. Pero a mí sólo me toca oír las palabras desesperadas y últimas. Las que piensan con los ojos fijos las muchachas abandonadas cuando se asoman a los puentes de niebla..., las que se dicen dos bocas crispadas sobre la misma almohada cuando la habitación empieza a llenarse con el olor de gas... Las que estabas pensando tú en voz alta hace un momento.

ADELA *(Se levanta resuelta.)*—¿Por qué no me dejó ir? ¡Todavía es tiempo!...

PEREGRINA *(La detiene.)*—¡Quieta!

ADELA.—¡Es el único camino que me queda!

> *(Se ve, lejano, el resplandor de la hoguera, y se oyen confusamente los gritos de la fiesta.)*

PEREGRINA.—No. El tuyo no es ése. Mira: la noche está loca de hogueras y canciones. Y Martín te está esperando en el baile.

ADELA.—¿Y mañana...?

PEREGRINA.—Mañana tu camino estará libre. Ten fe,

niña. Yo te prometo que serás feliz, y que esta noche será la más hermosa que hayamos visto las dos.

(Bajan los niños seguidos por el Abuelo.)

PEREGRINA, ADELA, NIÑOS Y ABUELO

ANDRÉS.—¡Ya han encendido la hoguera grande, y todo el pueblo está bailando alrededor!

DORINA.—Vamos, Abuelo, que llegamos tarde.

FALÍN *(Llegando junto a la Peregrina, con una corona de rosas y espigas.)*—Toma. La hice yo.

PEREGRINA.—¿Para mí?

FALÍN.—Esta noche todas las mujeres se adornan así.

DORINA.—¿No vienes al baile?

PEREGRINA.—Tengo que seguir camino al rayar el alba. Adela os acompañará. Y no se separará de vosotros ni un momento. *(Mirándola imperativa.)* ¿Verdad…?

ADELA *(Baja la cabeza.)*—Sí. Adiós, señora… Y gracias.

ANDRÉS.—¿Volveremos a verte pronto?

PEREGRINA.—No tengáis prisa. Antes tienen que madurar muchas espigas. Adiós, pequeños…

NIÑOS.—¡Adiós, Peregrina!

(Salen con Adela. El Abuelo se queda un momento.)

ABUELO.—¿Por qué te daba las gracias Adela?… ¿Sabe quién eres?

PEREGRINA.—Tardará muchos años en saberlo.

ABUELO.—¿No era a ella a quien buscabas esta noche?

PEREGRINA.—Eso creía yo también, pero ya he visto clara mi confusión.

ABUELO.—Entonces, ¿por qué te quedas aquí? ¿Qué esperas?

PEREGRINA.—No puedo regresar sola. Ya te dije que esta noche una mujer de tu casa, coronada de flores, será

105

mi compañera por el río. Pero no temas: no tendrás que llorar ni una sola lágrima que no hayas llorado ya.

ABUELO (*La mira con sospecha.*)—No te creo. Son los niños lo que andas rondando, ¡confiésalo!

PEREGRINA.—No tengas miedo, abuelo. Tus nietos tendrán nietos. Vete con ellos (*Coge su bordón y lo deja apoyado en la jamba de la puerta.*)

ABUELO.—¿Qué haces…?

PEREGRINA.—Dejar el bordón en la puerta en señal de despedida. Cuando vuelvas del baile, mi misión habrá terminado. (*Con autoridad terminante.*) Y ahora déjame. Es mi última palabra de esta noche.

> (*Sale el Abuelo. Pausa larga. La Peregrina, a solas mira con resbalada melancolía la corona de rosas. Al fin sus ojos se animan; se la pone en los cabellos, toma un espejo del costurero de Adela y se contempla con femenina curiosidad. Su sonrisa se desvanece; deja caer el espejo, se quita las rosas y comienza a deshojarlas fríamente, con los ojos ausentes. Entre tanto se escuchan en el foguera las canciones populares de San Juan.*)

VOZ VIRIL.— Señor San Juan:
la flor de la espiga
ya quiere granar.
¡Que viva la danza
y los que en ella están!

CORO.— ¡Señor San Juan…!

VOZ FEMENINA.—Señor San Juan:
con la flor del agua
te vengo a cantar.
¡Que viva la danza
y los que en ella están!

CORO.— ¡Señor San Juan…!

> (*Hay un nuevo silencio. La Peregrina está sentada de espaldas al fondo, con los codos en las rodillas y el rostro en las manos. Por la puerta del fondo aparece furtivamente una muchacha de fatigada belleza, oculto a medias el rostro con el mantellín.*)

*Contempla la casa. Ve a la Peregrina de espaldas y da un paso
medroso hacia ella. La Peregrina la llama en voz alta sin volverse.)*

PEREGRINA. — ¡Angélica!

PEREGRINA Y ANGÉLICA

ANGÉLICA *(Retrocede desconcertada.)* — ¿Quién le ha
dicho mi nombre?

(La Peregrina se levanta y se vuelve.)

Yo no la he visto nunca.

PEREGRINA. — Yo a ti tampoco. Pero sabía que vendrías, y no quise que encontraras sola tu casa. ¿Te vio alguien llegar?

ANGÉLICA. — Nadie. Por eso esperé a la noche, para esconderme de todos. ¿Dónde están mi madre y mis hermanos?

PEREGRINA. — Es mejor que tampoco ellos te vean.
¿Tendrías valor para mirarlos cara a cara? ¿Qué palabras
podrías decirles?

ANGÉLICA. — No hacen falta palabras… Lloraré de rodillas y ellos comprenderán.

PEREGRINA. — ¿Martín también?

ANGÉLICA *(Con miedo instintivo.)* — ¿Está él aquí?

PEREGRINA. — En la fiesta; bailando con todos alrededor del fuego.

ANGÉLICA. — Con todos, no… ¡Mentira! Martín habrá
podido olvidarme, pero mi madre no. Estoy segura que
ella me esperaría todos los días de su vida sin contar las
horas… *(Llama.)* ¡Madre!… ¡Madre!…

PEREGRINA. — Es inútil que llames. Te he dicho que
está en la fiesta.

ANGÉLICA. — Necesito verla cuanto antes. Sé que ha de

107

ser el momento más terrible de mi vida y no tengo fuerzas para esperarlo más tiempo.

PEREGRINA.—¿Qué vienes a buscar a esta casa?...

ANGÉLICA.—Lo que fue mío.

PEREGRINA.—Nadie te lo quitó. Lo abandonaste tú misma.

ANGÉLICA.—No pretendo encontrar un amor que es imposible ya; pero el perdón sí. O por lo menos un rincón donde morir en paz. He pagado mi culpa con cuatro años amargos que valen toda una vida.

PEREGRINA.—La tuya ha cambiado mucho en ese tiempo. ¿No has pensado cuánto pueden haber cambiado las cosas?

ANGÉLICA.—Por encima de todo, es mi casa y mi gente. ¡No pueden cerrarme la única puerta que me queda!

PEREGRINA.—¿Tan desesperada vuelves?

ANGÉLICA.—No podía más. He sufrido todo lo peor que puede sufrir una mujer. He conocido el abandono y la soledad; la espera humillante en las mesas de mármol y la fatiga triste de las madrugadas sin techo. Me he visto rodar de mano en mano como una moneda sucia. Sólo el orgullo me mantenía de pie. Pero ya lo he perdido también. Estoy vencida y no me da vergüenza gritarlo. ¡Ya no siento más que el ansia animal de descansar en un rincón caliente!...

PEREGRINA.—Mucho te ha doblegado la vida. Cuando se ha tenido el valor de renunciar a todo por una pasión no se puede volver luego, cobarde como un perro con frío, a mendigar las migajas de tu propia mesa. ¿Crees que Martín puede abrirte los brazos otra vez?

ANGÉLICA (*Desesperada.*)—Después de lo que he sufrido ¿qué puede hacerme ya Martín? ¿Cruzarme la cara a latigazos?... ¡Mejor!... Por lo menos sería un dolor limpio. ¿Tirarme el pan por el suelo? ¡Yo lo comeré de rodillas, bendiciéndolo por ser suyo y de esta tierra en que nací! ¡No! ¡No habrá fuerza humana que me arranque de aquí! Estos manteles los he bordado yo... Esos geranios de la ventana los he plantado yo... ¡Estoy en mi casa!... Mía..., mía..., ¡mía!...

(Solloza convulsa sobre la mesa, besando desesperadamente los manteles. Pausa. Vuelve a oírse la canción sanjuanera.)

VOZ VIRIL.—Señor San Juan...
          ya las estrelas
          perdiéndose van.
          ¡Que viva la danza
          y los que en ella están!
CORO.—   Señor San Juan...

(La Peregrina se le acerca piadosamente pasando la mano sobre sus cabellos. Voz íntima.)

PEREGRINA.—Dime, Angélica, ¿en esos días negros de allá, no has pensado nunca que pudiera haber otro camino?

ANGÉLICA *(Acodada a la mesa, sin volverse.)*—Todos estaban cerrados para mí. Las ciudades son demasiado grandes, y allí nadie conoce a nadie.

PEREGRINA.—Un dulce camino de silencio que pudieras hacerte tú sola...

ANGÉLICA.—No tenía fuerza para nada. *(Reconcentrada.)* Y sin embargo la noche que él me abandonó...

PEREGRINA *(Con voz de profunda sugestión, como si siguiera en voz alta el pensamiento de Angélica.)*—Aquella noche pensaste que más allá, al otro lado del miedo, está el país del último perdón, con un frío blanco y tranquilo; donde hay una sonrisa de paz para todos los labios, una serenidad infinita para todos los ojos... ¡y donde es tan hermoso dormir, siempre quieta, sin dolor y sin fin!

ANGÉLICA *(Se vuelve mirándola con miedo.)*—¿Quién eres tú que me estás leyendo por dentro?

PEREGRINA.—Una buena amiga. La única que te queda ya.

ANGÉLICA *(Retrocede instintivamente.)*—Yo no te he pedido amistad ni consejo. Déjame. ¡No me mires así!

PEREGRINA.—¿Prefieres que tu madre y tus hermanos sepan la verdad?

ANGÉLICA.—¿No la saben ya?

PEREGRINA.—No. Ellos te imaginan más pura que nunca. Pero dormida en el fondo del río.

ANGÉLICA.—No es posible. Martín me siguió hasta la orilla. Escondidos en el castañar le vimos pasar a galope, con la escopeta al hombro y la muerte en los ojos.

PEREGRINA.—Pero supo dominarse y callar.

ANGÉLICA.—¿Por qué?

PEREGRINA.—Por ti. Porque te quería aún, y aquel silencio era el único regalo de amor que podía hacerte.

ANGÉLICA.—¿Martín ha hecho eso... por mí? *(Aferrándose a la esperanza.)* ¡Pero entonces, me quiere... ¡Me quiere todavía!...

PEREGRINA.—Ahora ya es tarde. Tu sitio está ocupado. ¿No sientes otra presencia de mujer en la casa?...

ANGÉLICA.—¡No me robará sin lucha lo que es mío! ¿Dónde está esa mujer?

PEREGRINA.—Es inútil que trates de luchar con ella; estás vencida de antemano. Tu silla en la mesa, tu puesto junto al fuego y el amor de los tuyos, todo lo has perdido.

ANGÉLICA.—¡Puedo recobrarlo!

PEREGRINA.—Demasiado tarde. Tu madre tiene ya otra hija. Tus hermanos tienen otra hermana.

ANGÉLICA.—¡Mientes!

PEREGRINA *(Señalando el costurero.)*—¿Conoces esa labor?

ANGÉLICA.—Es la mía. Yo la dejé empezada.

PEREGRINA.—Pero ahora tiene hilos nuevos. Alguien la está terminando por ti. Asómate a esa puerta. ¿Ves algo al resplandor de la hoguera?...

(Angélica va al umbral del fondo. La Peregrina, no.)

ANGÉLICA.—Veo al pueblo entero, bailando con las manos trenzadas.

PEREGRINA.—¿Distingues a Martín?

ANGÉLICA.—Ahora pasa frente a la llama.

PEREGRINA.—¿Y a la muchacha que baila con él? Si la vieras de cerca hasta podrías reconocer tu vestido y el pañuelo que lleva al cuello.

ANGÉLICA.—A ella no la conozco. No es de aquí.

PEREGRINA.—Pronto lo será.

ANGÉLICA *(Volviéndose a la Peregrina.)*—No... Es demasido cruel. No puede ser que me lo hayan robado todo. Algo tiene que quedar para mí. ¿Puede alguien quitarme a mi madre?

PEREGRINA.—Ella ya no te necesita. Tiene tu recuerdo, que vale más que tú.

ANGÉLICA.—¿Y mis hermanos...? La primera palabra que aprendió el menor fue mi nombre. Todavía lo veo dormido en mis brazos, con aquella sonrisa pequeña que le rezumba en los labios como la gota de miel en los higos maduros.

PEREGRINA.—Para tus hermanos ya no eres más que una palabra. ¿Crees que te conocerían siquiera? Cuatro años son mucho en la vida de un niño. *(Se le acerca íntima.)* Piénsalo, Angélica. Una vez destrozaste tu casa al irte. ¿Quieres destrozarla otra vez al volver?

ANGÉLICA *(Vencida.)*—¿A dónde puedo ir si no?...

PEREGRINA.—A salvar valientemente lo único que te queda: el recuerdo.

ANGÉLICA.—¿Para qué si es una imagen falsa?

PEREGRINA.—¿Qué importa, si es hermosa? La belleza es la otra forma de la verdad.

ANGÉLICA.—¿Cómo puedo salvarla?

PEREGRINA.—Yo te enseñaré el camino. Ven conmigo,

111

y mañana el pueblo tendrá su leyenda. (La toma de la mano.) ¿Vamos?...

ANGÉLICA.—Suelta... Hay algo en ti que me da miedo.

PEREGRINA.—¿Todavía? Mírame bien. ¿Cómo me ves ahora?... (Queda inmóvil con las manos cruzadas.)

ANGÉLICA (La contempla fascinada.)—Como un gran sueño sin párpados... Pero cada vez más hermosa...

PEREGRINA.—¡Todo el secreto está ahí! Primero, vivir apasionadamente, y después morir con belleza. (Le pone la corona de rosas en los cabellos.) Así..., Un momento de valor, y tu recuerdo quedará plantado en la aldea como un roble lleno de nidos. ¿Vamos?

ANGÉLICA (Cierra los ojos.)—Vamos. (Vacila al andar.)

PEREGRINA.—¿Tienes miedo aún?

ANGÉLICA.—Ya no... Son las rodillas que se me doblan sin querer.

PEREGRINA (Con una ternura infinita.)—Apóyate en mí. Y prepara tu mejor sonrisa para el viaje. (La toma suavemente de la cintura.) Yo pasaré tu barca a la otra orilla...

> (Sale con ella. Fuera comienza a apagarse el resplandor de la hoguera y se escucha la última canción.)

VOZ VIRIL.—Señor San Juan...
　　　　　　en la foguera
　　　　　　ya no hay qué quemar.
　　　　　　¡Que viva la danza
　　　　　　y los que en ella están!

CORO.—　　Señor San Juan...

> (Vuelve a oírse la gaita, gritos alegres y rumor de gente que llega. Entra corriendo la Sanjuanera 1.ª perseguida por las otras y los mozos. Detrás, Adela y Martín.)

ADELA, MARTÍN, MOZOS

SANJUANERA 1.ª—No, suelta... Yo lo vi primero.

SANJUANERA 2.ª—Tíramelo a mí.

SANJUANERA 3.ª—A mí que no tengo novio.

SANJUANERA 1.ª—Es mío. Yo lo encontré en la orilla.

ADELA.—¿Qué es lo que encontraste?

SANJUANERA 1.ª—¡El trébol de cuatro hojas!

MOZO 3.º—Pero a ti no te sirve. La suerte no es para el que lo encuentra sino para el que lo recibe.

SANJUANERA 2.ª—¡Cierra los ojos y tíralo al aire!

SANJUANERA 1.ª—Tómalo tú, Adela. En tu huerto estaba.

ADELA *(Recibiéndolo en el delantal.)*—Gracias.

MARTÍN *(a Sanjuanera 1.ª)*—Mucho te ronda la suerte este año. En la fuente, la flor del agua, y en el maíz la panoya roja.

(Llegan la Madre y Telva. Después el Abuelo con los niños.)

DICHOS, MADRE, TELVA, ABUELO. *Al final,* QUICO

MADRE.—¿Qué, ya os cansasteis del baile?

TELVA.—Aunque se apague la hoguera, el rescoldo queda hasta el amanecer.

SANJUANERA 1.ª—Yo si no descanso un poco no puedo más. *(Se sienta.)*

TELVA.—Bah, sangre de malvavisco. Parece que se van a comer el mundo, pero cuando repica el pandero, ni les da de sí el aliento ni saben sacudir cadera y mandil al «son de arriba». ¡Ay de mis tiempos!

ADELA.—¿Va a acostarse, madre? La acompaño.

MADRE.—No te preocupes por mí; sé estar sola. Vuelve al baile con ella, Martín. Y tú, Telva, atiende a los mozos si quieren beber. Para las mujeres queda en la alacena aguardiente de guindas. *(Comienza a subir la escalera.)*

MARTÍN.—¿De quién es este bordón que hay en la puerta?

ABUELO *(Deteniendo a Adela que va a salir con Martín.)*—Espera. ¿No vieron a nadie aquí, al entrar?

ADELA.—A nadie. ¿Por qué?

ABUELO.—No sé. Será verdad que es la noche más corta del año, pero yo nunca tuve tanta ansia de ver salir el sol.

TELVA.—Poco va a tardar. Ya está empezando a rayar el alba...

(Se oye fuera la voz de Quico gritando.)

QUICO.—¡Ama...! ¡Ama...!

(Todos se vuelven sobresaltados. Llega Quico. Habla con un temblor de emoción desde el umbral. Detrás van apareciendo hombres y mujeres, con faroles y antorchas, que se quedan al fondo en respetuoso silencio.)

QUICO.—¡Mi ama...! Al fin se cumplió lo que esperaba. ¡Han encontrado a Angélica en el remanso!

MARTÍN.—¿Qué estás diciendo?...

QUICO.—Nadie quería creerlo, pero todos lo han visto.

MADRE *(Corriendo hacia él, iluminada.)*—¿La has visto tú? ¡Habla!

QUICO.—Ahí te la traen, más hermosa que nunca... Respetada por cuatro años de agua, coronada de rosas. ¡Y con una sonrisa buena, como si acabara de morir!

VOCES.—¡Milagro!... ¡Milagro!...

(Las mujeres caen de rodillas. Los hombres se descubren.)

MADRE *(Besando el suelo.)*—¡Dios tenía que escucharme! ¡Por fin la tierra vuelve a la tierra!... *(Levanta los brazos.)* ¡Mi Angélica querida!... ¡Mi Angélica santa!...

MUJERES *(Cubriéndose la cabeza con el manto y golpeándose el pecho.)* —¡Santa...! ¡Santa!... ¡Santa!...

> *(Los hombres descubiertos y las mujeres arrodilladas, inmóviles, como figuras de retablo. Se oyeron, lejanas y sumergidas, las campanas de San Juan. Precediendo al cortejo, la Peregrina contempla el cuadro con una sonrisa dulcemente fría y toma su bordón para seguir viaje. Entran en el umbral los pies de las angarillas cubiertas con ramas verdes. La Madre con los brazos tendidos, lanza un grito desgarrado de dolor y de júbilo.)*

MADRE. —¡Hija!...

> *(Las campanas suben a un clamor de aleluya.)*

Telón final

FIN DE
«LA DAMA DEL ALBA»

LA SIRENA VARADA

COMEDIA EN TRES ACTOS

A
MARGARITA XIRGU.
Sirena de mar y tierra.

A. CASONA

PERSONAJES

SIRENA

SAMY

RICARDO

DON FLORÍN

EL FANTASMA DON JOAQUÍN

DANIEL

PIPO

PEDROTE

ACTO PRIMERO

En un viejo caserón con vagos recuerdos de castillo y de convento, pero amueblado con un sentido moderno y confortable. En los muros, pinturas a medio hacer, de un arte nuevo que enlaza con los primitivos. Disimuladas entre cactus, luces indirectas, verdes y rojas. Una grata fantasía en el conjunto. En el ángulo derecho una ventana con enredaderas y escalerilla de acceso. Un grueso arco, al fondo, cierra en cristalería sobre el mar; juega en él una espesa cortina. Abierta en el regrueso izquierdo del arco, la pequeña poterna por donde entra el Fantasma.

Primeros términos, puertas laterales. Es de noche.

(Don Florín asomado al ventanal. Entra Pedrote, con un pequeño servicio.)

PEDROTE.—Son ya más de las dos de la madrugada; es imposible que siga usted así sin tomar por lo menos un bocado.

FLORÍN.—¿Crees que tardará Ricardo aún?

PEDROTE.—¿Y quién puede saberlo? El señorito hace una vida desordenada del todo.

FLORÍN.—¿Acostumbra a pasar las noches fuera de casa?

PEDROTE.—¡Las noches! El señorito no sabe nunca cuando es de día ni de noche. Hoy se ha levantado a las seis de la tarde; salió, como siempre, sin decir a dónde, y seguramente cuando vuelva pedirá el desayuno. Desengáñese, don Florín, lo mejor es que tome usted un bocado, y si don Ricardo tarda, no estará de más que se acueste. Ya le he preparado una habitación.

FLORÍN.—Bien, tomaré cualquier cosa; estoy dispuesto a esperar.

PEDROTE.—Tenemos una despensa algo extraña; aquí,

tan lejos de cualquier ciudad, no es fácil abastecerse, y a señorito le trae todo sin cuidado. La semana pasada no estuvimos alimentando con ron y galleta de mar; rareza suyas. *(Sirve.)*

FLORÍN.—Siempre fue Ricardo un tipo extravagante pero esta salida última sobre todo me tiene en un mar de confusiones. ¿Tú sabes lo que se propone rompiendo con el mundo y retirándose a este desierto?

PEDROTE.—Que está aburrido; como es joven y rico lo ha andado todo, pues no sabe cómo pasar el rato. Y cada temporada le da por una cosa.

FLORÍN.—¿Y tú a seguirle el aire, no?

PEDROTE.—Yo quiero al señorito de corazón; a dond vaya él, allá va Pedrote. Y aquí estamos.

FLORÍN.—Bien, pero ¿y qué hacéis?

PEDROTE.—Nada.

FLORÍN.—¡Soberbio! *(Irónico.)* La casa es deliciosa ¿Os la alquilaron así?

PEDROTE.—Quia; era un caserón inhabitable. Don Ricardo lo hizo arreglar a su gusto.

FLORÍN.—Pues también se necesita gusto. ¿Vivís completamente solos? ¿No andará por ahí escondida algun dama?...

PEDROTE *(Con cierta melancolía.)*—Ay, damas... También aquello pasó. Ahora vivimos con un fantasma; y desde hace unos días nos acompaña don Daniel, un pintor que anda siempre con los ojos vendados.

FLORÍN.—¿Un fantasma has dicho?

PEDROTE.—Sí, señor.

FLORÍN.—Pero ¿cómo un fantasma?; ¿qué quiere decir?

PEDROTE.—Un fantasma auténtico, de los que ya no quedan. Nosotros todavía no le conocemos; pero el dueño de la casa lo incluyó en el contrato, y los vecinos de por aquí lo han visto algunas veces, con la luna, sobre la terraza. El señorito está interesadísimo por él y me tien mandado dejarle comer todas las noches. *(Presta oído y va a la ventana.)* El señorito Ricardo y don Daniel.

FLORÍN.—Gracias a Dios.

PEDROTE.—Un momento; voy a abrirles y avisar. Buen alegrón al saber que está usted aquí.

> *(Sale. Poco después reaparece con Ricardo y Daniel. Ricardo es joven; viste con despreocupación agradable y tiene en la alegría de la voz un dejo de tristeza. Daniel, de tono y ademanes lentos, lleva los ojos vendados y siempre destocada la cabeza.)*

DON FLORÍN, PEDROTE, RICARDO Y DANIEL

RICARDO.—¡Querido doctor! *(Corriendo a sus brazos.)* ¡Ah, viejo zorro! ¿Ya ha logrado usted descubrir mi refugio?

FLORÍN.—Una casualidad, Ricardo. Saberlo y correr acá fue la misma cosa.

RICARDO.—¿Sabía usted que era un secreto?

FLORÍN.—Ni siquiera eso.

RICARDO.—Me tranquilizo; así no se lo habrá contado usted a nadie. Bien, querido, está visto que de usted no me libraré jamás. Ah, tengo que presentarles: Daniel Roca, pintor, hombre de gran talento a pesar de sus muchos años. Un verdadero encanto; nos conocimos hace cuatro días y ya somos amigos de toda la vida. Don Florín Nisal, Médico y confesor de mi familia; lo que se llama una persona razonable y bien educada; pero, a pesar de todo, un gran muchacho.

FLORÍN.—Gracias. *(A Daniel.)* Y mucho gusto. Si por lo que veo, puedo serle útil...

DANIEL.—Oh, no afortunadamente.

RICARDO.—Ya salió el médico. No es eso; lo que le pasa a Daniel es que es un pintor serio. Que se ha cansado de ver siempre los mismos colores y se ha vendado los ojos una temporada para olvidarlos y pensar en otros nuevos. *(Riendo.)* ¿Comprende? Cosas nuestras, no haga caso. *(A Pedrote.)* Espero que habrás atendido a don Florín.

PEDROTE.—Hice lo que pude. Le he dado de comer en la medida de nuestras fuerzas, he procurado entretenerle y le he preparado una cama.

FLORÍN.—En la que ya me iba a meter. ¿Tú te das cuenta de la hora que es?

RICARDO.—Nunca.

FLORÍN.—Pues van a dar las tres.

RICARDO.—¿De la mañana o de la tarde?

PEDROTE.—De la mañana, señor.

RICARDO.—Muy bien; tráeme el desayuno. Usted ya veo que nos ha tomado la delantera. ¿Tú, Daniel?

DANIEL.—Nada, voy a acostarme en seguida.

RICARDO.—Para el fantasma, como siempre; queso y una escudilla de leche.

PEDROTE.—Imposible, señor; desde ayer no hay leche.

RICARDO.—¿Entonces?

PEDROTE.—Ayer le puse una botella de ron. Bebió casi la mitad.

RICARDO.—Excelente; me parece muy bien eso en un fantasma del litoral. Repítele el ron y añádele unas aceitunas.

> *(Sale Pedrote. Daniel se sienta un poco aparte y se pone a hojear una revista, sin quitarse la venda, por supuesto.)*

RICARDO *(Desperezándose.)*—Y ahora, doctor, ríñame lo que quiera; estoy a sus órdenes.

FLORÍN.—¿Reñirte? ¿Por qué? No me asustan tus extravagancias; vales bastante para que se te perdonen. Sólo venía a descansar una semana contigo, si no te estorbo mucho. Y a traerte un saludo de tu familia.

RICARDO.—Es verdad, no me acordaba que todavía tengo por ahí unos parientes. ¿Qué tal tía Águeda? Haiendo tómbolas y asistiendo a primeras piedras, ¿no? Buena mujer! ¿Y la prima Julieta?

FLORÍN.—Acordándose mucho de ti. Sigue creyéndose tu prometida.

RICARDO.—¡Todavía! Hombre, es demasiado; me la prometió su padre cuando la pusieron de largo; pero no creí que pasara de ser una amenaza.

FLORÍN.—Delicadísimo. Me explico que tía Águeda esté horrorizada de ti: «Por Dios, don Florín, ese sobrino, ese cordero negro; tráigalo al redil».

RICARDO.—¿Y viene usted a eso?

FLORÍN.—No, hombre; ya te he dicho que vengo a descansar junto a ti unos días; nada más.

RICARDO *(Tranquilizándose.)*—¡Ah!

FLORÍN.—Y a saber de tu vida. Me han dicho que tienes grandes proyectos. ¿Pueden saberse?

RICARDO.—¡Oh!...

FLORÍN.—¿Qué te propones? ¿Qué vas a hacer aquí?

RICARDO.—Es algo complicado. Por lo pronto voy a fundar una república.

FLORÍN.—Muy platónico.

RICARDO.—Una república de hombres solos donde no exista el sentido común.

FLORÍN.—¡Admirable! ¿Y para cuántos días?

RICARDO.—Para siempre.

FLORÍN.—Demasiado; ya serán unos días menos.

RICARDO.—Le estoy hablando en serio. Encuentro que la vida es aburrida y estúpida por falta de imaginación. Demasiada razón, demasiada disciplina en todo. Y he pensado que en cualquier rincón hay media docena de hombres interesantes, con fantasía y sin sentido, que se están pudriendo entre los demás. Pues bien: yo voy a reunirlos en mi casa, libres y disparatados. A inventar una vida nueva, a soñar imposibles. Y todos conmigo, en esta casa: un asilo para huérfanos de sentido común.

FLORÍN.—Buen programa; como para proponérselo a

125

tu tía Águeda. ¿Y crees que encontrarás esos hombres?

RICARDO.—Allá veremos. *(Por Daniel.)* Por lo pronto ya somos dos y hace unos días era yo solo. ¿Ve usted? Ese hombre, que es capaz de vivir a oscuras porque le aburren los colores, ése es de los míos.

FLORÍN.—Ese hombre… Pero, ¿qué hace?

DANIEL.—Nada, estaba viendo esta revista; no merece la pena. *(La deja y enciende un pitillo.)*

FLORÍN *(Poniéndose grave.)*—Por lo visto lo habéis tomado en serio.

RICARDO.—Imaginación, ya se lo he dicho. Le estaba hablando de nuestro proyecto, ¿sabes, Daniel? Pero no tengas miedo; este razonable señor no formará en nuestra república.

FLORÍN.—¡Yo! ¡Dios me libre!

RICARDO.—Los nuestros han de ser muy otros: extravagantes, magníficos. Y a nuestra puerta habrá un cartel diciendo: «Nadie entre que sepa geometría».

FLORÍN.—¡Bravo; arreglado el mundo! Ya me gustaría ver cómo se puede hacer una vida toda de fantasías.

RICARDO.—Muy sencillo… para nosotros. Para usted imposible: ¿usted ve ese árbol que hay ahí?

FLORÍN *(Ingenuo.)*—¿Dónde?

RICARDO *(Señalando al centro de la escena.)*—Ahí.

FLORÍN.—Pero Ricardo…

RICARDO.—Pues yo sí. Ahí está toda la diferencia. ¿Tú lo ves, Daniel?

DANIEL.—¡Hermoso roble!

FLORÍN *(Resoplando.)*—Tururú. *(Irónico otra vez.)* ¿Y esto es lo que has venido a hacer aquí, los grandes proyectos? Vamos, no seas niño.

RICARDO.—¡Niño! ¡Qué más quisiera! *(Triste un momento.)* ¡Pero no como lo fui yo! *(Recobrándose.)* No hablemos de eso. *(A Pedrote, que entra con el servicio.)* Cuidado con ese árbol, Pedrote.

PEDROTE *(Deteniéndose.)*—No me había fijado. *(Da un rodeo para llegar a ellos.)* El café.

FLORÍN *(A Pedrote.)*—Pero, ¿también tú?

RICARDO *(Ríe.)*—Aquí todos, no se enfade.

FLORÍN.—¿Enfadarme? ¡Quia! Si fuera otro pensaría que estaba en una casa de orates. Pero ya te conozco; carnavalada para unos días, y a aburrirse otra vez por el mundo. Neurastenia.

RICARDO.—Pongamos neurastenia. El café, excelente, Pedrote. ¿Preparaste la cena para el señor fantasma?

PEDROTE.—Sí, señor.

RICARDO.—¿Le había dicho a usted que teníamos un fantasma, don Florín? Lo alquilé con la casa, pero no funciona. Quizá sea mejor así; estos fantasmas de provincias...

FLORÍN.—Bueno está lo bueno, Ricardo. No es que yo crea en tales cosas; pero no me parece broma de buen gusto.

RICARDO.—¡Tampoco eso! Pues, señor, estoy viendo que acabamos echándole a usted por una ventana. ¡Y con lo que yo le quiero, abuelo!

DANIEL *(Levantándose.)*—Don Florín.

FLORÍN.—¿Se va usted ya?

DANIEL.—Perdone a Ricardo; es un tirano. Mañana hablaremos despacio. ¿Amigos?

FLORÍN *(Le estrecha la mano.)*—Amigos. Hasta mañana.

DANIEL.—Buenas noches, Ricardo. *(Sale del brazo de Pedrote.)*

DON FLORÍN Y RICARDO. PEDROTE, *un momento*

FLORÍN.—Pero este hombre...

RICARDO.—Déjele, es su capricho. Si le molestara la venda ya se la quitaría.

127

FLORÍN.—El demonio que os entienda a vosotros.

RICARDO (*Después de una pausa.*)—Dígame, don Florín: ¿cree usted, de verdad, que era mejor lo otro?

FLORÍN.—¿Qué otro?

RICARDO.—Mi vida de antes; y aquellos años de niño..., la casa de mi padre.

FLORÍN (*Sin saber qué decir.*)—La casa de tu padre era un noble hogar.

RICARDO.—Sí, pero bien triste. Yo recuerdo a mi madre como una sombra rígida, llena de devociones y de miedo al infierno. No hablaba nunca, no sabía besar. Y mi padre, enfrascado en sus negocios y en sus libros, seco, con una autoridad de hierro. No se podía jugar en aquella casa. Yo vivía siempre encerrado como en una cárcel, mirando con lágrimas a los niños libres de la calle.

FLORÍN (*Conmovido.*)—Ricardo...

RICARDO.—Y luego, ese mundo con sus placeres y sus dolores... tan aburridos. (*Reacciona.*) Bueno está. No vaya a creer que finjo ilusionismos ahora para esconder una pena; folletines, no. Estoy alegremente desengañado, nada más. (*Jovial.*) Es mi alma de niño que resucita.

FLORÍN.—Sin embargo, la casa de tu padre...

RICARDO.—Cosas muertas, don Florín; dejemos eso. (*A Pedrote, que cruza la escena.*) Tréeme el traje de gala, Pedrote.

FLORÍN.—¡El traje de gala! (*Sale Pedrote.*)

RICARDO.—Esta noche hay recepción; espero al presidente de nuestra república platónica. Si quiere usted saludarle.

FLORÍN.—Lo que yo voy a hacer es meterme en mi camita ahora mismo. ¡El presidente!... Sí que será un tipo

RICARDO.—Maravilloso; un clown de circo que conoce la Biblia y las estrellas. ¿No recuerda usted..., hace años, en Marsella, un clown que embarcó con nosotros para Italia?

FLORÍN.—¿Samy?

RICARDO. —Papá Samy; el mismo. Le he escrito contándole nuestro proyecto y llamándole para hoy; seguro que no se hace esperar.

FLORÍN. —El demonio de Samy. ¿Y qué viene a hacer aquí ese trasto?

RICARDO. —A educarnos en la nueva vida. Imagínese; un hombre sin sentido, soñador y borracho. Es el presidente ideal para nosotros. *(Entra Pedrote y le entrega un traje de clown.)* Gracias. *(Sale Pedrote.)* ¿Y a su hija, la recuerda usted?

FLORÍN. —Apenas. Hace ya años de eso.

RICARDO. —Una niña casi, con unos ojos verdes...

FLORÍN. —Sí. Que una noche se tiró al mar.

RICARDO. —Se cayó. Yo la saqué del agua medio ahogada ya. Después me besaba las manos y me llamaba padrino. ¿No recuerda usted? Pobre muchacha... Se murió aquel mismo año. Para el viejo Samy un golpe terrible. *(Jovial.)* En fin... *(Se pone el gorro y canta.)* «La donna é mobile-qual piuma al vento...» *(Transición.)* Chist; el fantasma.

DON FLORÍN, RICARDO Y EL FANTASMA

(El Fantasma ha entrado, solemne en su vestidura blanca, y cruza la escena lentamente para salir en la dirección opuesta.)

FLORÍN. —¡Cómo! ¿Qué broma es ésta, Ricardo?

RICARDO. —¡Chist! Buenas noches, señor fantasma. ¿Qué, se va usted ya? Espere, siéntese un momento.

FANTASMA *(Solemne y desdeñoso.)* —¡Miserable mortal!

RICARDO *(Contento a don Florín.)* —¿Ha oído usted? Formidable; un fantasma de la vieja escuela. *(Al Fantasma.)* Enhorabuena, querido. ¡Qué espléndida voz de barítono para hablar de la inmortalidad del alma! *(El Fantasma estornuda y se aparta del ventanal.)* No tenga miedo; este señor es un amigo. ¿No quiere sentarse?

129

FANTASMA.—¡Miserable mortal!... *(Estornuda dos ve ces seguidas y pierde el tono.)* Esa ventana, hágame favor.

RICARDO.—En seguida. *(La cierra.)* Venga, siéntese Y no sea niño; está usted muy excitado. *(Le toma de brazo y le lleva hasta un asiento.)* Así.

FLORÍN.—Basta, Ricardo. ¿Son estas tus diversiones Pues para ti; yo me marcho a la cama.

RICARDO.—Don Florín, ¡piense usted que está delant del más allá! ¡Qué dirá este señor!

FLORÍN *(Malhumorado.)*—¡Que se vaya al cuerno!

RICARDO.—¡Alto! Eso sí que no. *(Al Fantasma.)* Ha ble usted; confunda a este incrédulo.

FLORÍN.—¿No es broma tuya?

RICARDO.—Se lo juro.

FLORÍN.—Pero entonces, ¿qué significa esto? Habl usted.

FANTASMA *(Acobardado.)*—Yo... ¿Y qué voy a deci yo después de ese estornudo?

FLORÍN.—¿Quién es usted? ¿Qué hace usted aquí?

FANTASMA.—Eso digo yo; ¿quién soy yo?, ¿qué pint yo aquí? Porque no es posible que yo sea un fantasma d verdad... Yo me llamo don Joaquín, y les juro a ustede que soy incapaz de matar una mosca.

RICARDO *(Indignado.)*—¿Qué dice? ¿Es posible qu no sea usted un fantasma serio?

FLORÍN.—Tú déjale. A ver, explíquese.

FANTASMA.—No sé cómo he podido resistir tanto días. ¡Tan feliz como he sido en esta casa!

FLORÍN.—Vamos, sin rodeos.

FANTASMA.—Perdónenme, tengo la cabeza loca. ¡Es toy tan débil! *(A un gesto de impaciencia.)* Yo vine a est casa hace cuatro años; estaba desalquilada, y para que n viniera nadie a quitármela se me ocurrió esto de vestirm de blanco y pasearme con una antorcha por el salón. Per inocentemente. ¡Qué sabía yo entonces de estas cosas

Cultivaba las berzas de la huerta, disponía de una buena biblioteca... Sobre todo las berzas. ¡Qué hermosura!

RICARDO.—¡Oh, cállese; qué asco! ¡Y yo que tenía tantas ilusiones en usted!

FLORÍN.—Siga.

FANTASMA.—Era el más feliz de los fantasmas. Pero vinieron estos señores, y aquí empezaron mis desventuras. Tenía que presentarme a ellos; para eso no había más remedio que documentarse un poco. Y empecé a leer libros sobre la materia. ¡Qué libros, santo Dios! ¡Los pelos se me ponían de punta! Y empecé a adelgazar y a ver sombras por todas partes, a tener miedo de mí mismo. De noche era espantoso. Y ayer... no era una pesadilla; la casa se movía, daba vueltas; las paredes se tiraban contra mí. Se lo juro; no era una pesadilla!

FLORÍN.—Ayer se bebió usted media botella de ron.

FANTASMA.—¿Sí? Caramba, con el daño que me hace... Entonces hoy...?

FLORÍN.—Hoy la otra media; está usted hecho una calamidad.

FANTASMA.—De todos modos..., en esta casa hay misterio. No me arriesgaría yo a vivir en ella solo ni una noche más.

RICARDO.—¡Qué vergüenza! ¡Es usted un fantasma de tercer orden, sin la menor dignidad!

FANTASMA.—Perdónenme; he sufrido mucho. Hace quince días que duermo en el desván, en un baúl americano. Además no como apenas; estoy a leche desde que ustedes vinieron.

RICARDO.—¡Cállese!

FANTASMA.—Señor, yo...

RICARDO.—¡Usted no merece ni mover los veladores de tres patas!

FLORÍN.—Vamos, no hay que ponerse así.

FANTASMA.—Déjele que me riña; está en su derecho. Y usted también. Pero no me abandonen.

RICARDO.—¿Y si lo abandonáramos?, ¿si le dejáramos solo en esta casa con todas esas sombras…?

FANTASMA.—¡No, por Dios! Ustedes no comprenden mi tragedia… *(Con espanto de sus propias palabras.)* Porque ahora, ¿quién me dice a mí que no soy un fantasma de verdad?

RICARDO.—¡Eh!

FANTASMA.—¡Quién me dice a mí que no me he muerto hace siglos, y que esto es un minuto de mi eternidad! ¿Eh?

RICARDO.—Hombre, sí; no está mal eso.

FANTASMA.—¡Oh, dígame que no! Es espantosa esta duda…

RICARDO *(Cruel, después de reflexionar.)*—No cabe duda; usted está muerto.

FANTASMA.—¡Muerto!

RICARDO.—Completamente.

FANTASMA.—¡Pero no es posible…, si yo respiro…, si yo me llamo don Joaquín!…

RICARDO.—Alucinaciones. Muerto hace cien años. Usted… es Napoleón. A ver, ponga la mano así… Así, muy bien: Napoleón.

FANTASMA *(Como un eco triste.)*—¡Muerto…!

RICARDO.—¡Ah!, y aquí las cosas serias: o usted está muerto de verdad o lo mato yo ahora mismo. Conque a empezar de nuevo y a olvidarse de sus berzas. Ya verá cómo llegamos a hacer de usted un fantasma decente *(Llamando.)* ¡Pedrote!

FLORÍN.—Pero Ricardo…

RICARDO.—Silencio, por esta noche basta. *(Al Fantasma.)* Que usted descanse en paz.

FANTASMA.—Napoleón.

RICARDO *(A Pedrote, que entra.)*—Acompaña a este señor; es el fantasma de la casa. Dale de cenar, y por esta noche que duerma contigo. Hala. *(Salen Pedrote y el Fantasma.)* Cuidado con ese árbol, mi general. *(El Fantasma*

se detiene y rodea. Ricardo se frota las manos contento.)
Esto se anima. ¿Ha visto usted? Otro que está fuera de la
geometría. Ya somos tres.

FLORÍN.—Hay que matarte. Y a ti te parecerá muy
gracioso lo que has hecho con ese pobre hombre, ¿no?

RICARDO.—Nada de gracioso. He procurado darle
una vida nueva y maravillosa; eso es todo.

FLORÍN.—¿Pero tú has visto qué cara de infeliz? Es
capaz de morirse del susto. Vamos, recapacita un poco;
déjate en paz de disparates.

PEDROTE *(Volviendo.)*—Señor, hay una sombra trepando a ese balcón.

RICARDO.—¿Trepando? *(Gozoso.)* El número cuatro,
don Florín; ¡papá Samy está ahí!

FLORÍN.—¡Otro más, y entrando por la ventana! No,
hijo; ya bastó. Buenas noches.

PEDROTE.—Por aquí. *(Salen don Florín y Pedrote.)*

RICARDO *(Ríe; luego corre al balcón.)*—¡Papá Samy!

*(Se abre el balcón del fondo y aparece Sirena. Viste un traje
verde de fantasía. Melena rubia y voz de canción.)*

RICARDO Y SIRENA

SIRENA *(Con un grito de gozo.)*—¡Dick!

RICARDO.—¡Eh!

SIRENA.—¡Dick! *(Corre a él y le besa.)*

RICARDO.—Señorita...

SIRENA.—¡Al fin! ¡Cuánto tiempo ya! Te hice esperar
mucho, ¿verdad? No fue mía la culpa; me tenían presa,
¿sabes? ¡Y tú tan lejos! ¡No me besas, Dick!

RICARDO.—Perdón...; debo de estar aturdido... no
recuerdo.

SIRENA.—Yo tampoco apenas. ¡Ya hace tiempo, ya!
Pero tú me querías. Y ahora ya estamos juntos. ¿No me
besas, Dick?

RICARDO *(Después de una vacilación.)*—No. Espera...; es mejor así.

SIRENA *(Triste.)*—¡No me besas! *(Alegre otra vez.)* ¡Ah!, es porque tardé mucho, ¿verdad? No fue mía la culpa; no querían decirme dónde estabas. ¿Pero y tú? ¿Quién te dijo que iba a venir hoy? Porque tú me estabas esperando. Fue una idea muy delicada la tuya de plantar esas enredaderas del balcón para que yo trepara por ellas. ¿Y esta casa?; ¿es ésta nuestra casa? Muy negra, Ricardo; me gustaría más azul. Y muy grande para los dos solos; tendremos que recortarle todo lo que sobra... No, perdóname; si tú la prefieres así... Nuestra casa. *(En la ventana.)* ¡El mar! ¿Por qué tienes el mar tan lejos? No entrará nunca en la casa; no llegará hasta aquí. Verás, mañana mismo la correremos un poco hacia allá. ¡Que entren a gritos el sol y el mar! Y tendremos una terraza de algas. *(Otra vez a su lado.)* ¿Qué dices, Ricardo? No hablas, no me dices nada... *(Con miedo.)* ¿No eres tú Ricardo?

RICARDO.—Sí..., soy Ricardo. *(Cogiéndola de los brazos.)* ¿Y tú?, ¿quién eres tú?

SIRENA.—¡Yo *(Buscándose a sí misma.)* Yo soy una sirena!

RICARDO.—¿Quién te trajo aquí?, ¿cómo te llamas?

SIRENA.—Me llamo... eso; Sirena. *(Desprendiéndose de él.)* ¡Ah!, tú quieres engañarme, quieres decir que no me conoces para burlarte de mí. Pero no me engañas, Dick. Tú me quieres; tienes los ojos grandes. ¿Verdad que tú crees en mí?

RICARDO.—Sí... Pero si eres una sirena, ¿cómo estás aquí? ¿Vienes ahora del mar?

SIRENA.—No, ahora vengo de tierra adentro. He corrido mucho, muchas horas. Tenía miedo de que me siguieran. Estoy rendida.

RICARDO.—¿Y quién te dijo el camino de nuestra casa?

SIRENA.—¿Ves? Quieres engañarme. Me lo dijiste tú

mismo. ¿Crees que no me di cuenta? Lo escribías para que lo supiera yo. Y por eso corrí. Ya ves que no pude venir antes. Pero estoy rendida. ¿Cuál es nuestra habitación? Quisiera descansar.

RICARDO. —Espera, no te vayas.

SIRENA. —¿Qué quieres?

RICARDO. —¡Júrame que eres una sirena!

SIRENA *(Riendo.)*—¿No lo sabes ya?

RICARDO. —Las sirenas cantan un cantar que ciega a los pescadores y a los marinos. ¿Lo sabes tú?

SIRENA. —Sí.

RICARDO. —Dímelo.

SIRENA. —No puedo, estoy fatigada. *(Yendo a la ventana.)* Está ya amaneciendo; la luz del día me cansa mucho.

RICARDO. —Espera.

SIRENA. —Quisiera descansar.

RICARDO. —Luego; ahora dime ese cantar.

SIRENA. —¿Y si ciegas, Ricardo?

RICARDO. —¡Dímelo!

SIRENA. —No lo recuerdo apenas. ¡Hace ya tanto tiempo que estoy en tierra! Pero lo siento aquí, dando aletazos como una bandera. ¿Cuál es nuestra habitación, Dick?

RICARDO. —Ésa. Pero no vayas aún, yo no dormiré hoy.

SIRENA. —Eres cruel. *(Se sienta.)*

RICARDO. —Quiero saberlo.

SIRENA. —Después, cuando volvamos los dos al mar. ¿Quieres ahora dormir sobre mis rodillas?

RICARDO. —Sí; pero canta.

SIRENA. —Duerme. *(Ricardo apoya la cabeza sobre su regazo. Después de un silencio la voz de Sirena suena transfigurada.)*

Mi Amado es para mí un manojito de coral
que reposa sobre mis pechos.
Yo dormía, pero mi corazón velaba,

y la voz de mi Amado me llamó:
hermosos son tus amores, Esposa mía,
y dulces como el vino de las almas.

       Tus besos saben a sal.

RICARDO (*Desasosegado.*)—¡Sirena!

SIRENA.—

Mi amado se hizo una barca de madera del Líbano;
       sus remos hizo de plata
       y sus arpones de amor.
Mi amado apacienta en las anémonas,
       y su rebaño de delfines
se prende en los anzuelos de su voz.

RICARDO.—¡Sirena!

SIRENA.—

       Mi Amado es mío y yo suya.
       La voz de mi Amado me llamó:
¡Levántate, hermosa mía, Amiga mía,
       ya amaneció en la mar!...
¡Yo me senté a la sombra de mi Amado
y su bandera, sobre mí, fue amor!

RICARDO (*Fascinado.*)—¡Sirena! ¡Sirena-Sulamita! (*La besa.*)

SIRENA (*Levantándose, transfigurada de gozo.*)—¡Me has besado, Ricardo! ¿Dirán ahora que yo sueño?, ¿dirán que no me quieres? ¡Me has besado! ¡Padrino!

RICARDO.—¿Qué dices? (*Ricardo avanza hacia ella.*)

SIRENA.—Déjame, no me quites ahora tu beso. ¡Es mío ya!

RICARDO.—¡No! ¡Ahora no te vas! ¡Ahora tengo que saber quién eres!

SIRENA (*Con un grito de espanto.*)—¡No me pegues! (*Ricardo se detiene. Transición.*) No me pegues tú también. Perdóname. Estoy rendida. (*Da la luz en la ventana.*) Mira, ya es completamente de día... Buenas noches.

Telón

ACTO SEGUNDO

En el mismo lugar, algún tiempo después. De noche.

(En escena, Pedrote solo; a poco entra el Fantasma, sigilosamente, vestido a la napoleona.)

Pedrote y el Fantasma

PEDROTE.—¡Eh!, ¿cómo, usted aquí?

FANTASMA.—Perdóname; me aburro solo allá arriba.

PEDROTE.—El señorito tiene prohibido que salga usted de su desván hasta las doce campanadas de la noche. Todavía es temprano.

FANTASMA.—Ya sé, pero ahora no hay nadie.

PEDROTE.—Pueden llegar de un momento a otro.

FANTASMA.—Los sentiremos venir.

PEDROTE.—No, por Dios; me está usted comprometiendo.

FANTASMA.—Un ratito nada más, hombre. Allá arriba acabaré por volverme loco. ¡Tú sabes lo que es, a mis años, pensar que me he muerto en una isla y pasarme las noches hablando de la inmortalidad del alma! Es horrible.

PEDROTE.—Aprendiera buen oficio.

FANTASMA.—Mira, Pedrote, yo creo que tu señorito está chiflado.

PEDROTE.—¡Chiflado! Se dice excéntrico.

FANTASMA.—Y todos vosotros igual por seguirle el humor. Y a mí me estáis matando.

PEDROTE.—No será mía la culpa.

FANTASMA.—Pero, señor, ¿por qué no habíamos de

dejarnos de músicas y vivir como Dios manda? ¡Ay, si tú quisieras recomendarme a Sirena!; el señorito Ricardo no es capaz de negarle nada.

PEDROTE.—¡Pero será posible que no esté usted conforme con su suerte!; ¿puede haber trabajo más descansado que el suyo?

FANTASMA.—No lo creas; demasiado intelectual. Yo haría mejor cualquier otra cosa; por ejemplo: la huerta está muy descuidada. Si el señorito quisiera tomarme de jardinero... ¿Por qué no se lo dices?

PEDROTE.—¡Bueno se iba a poner!

FANTASMA.—Quién sabe; inténtalo.

PEDROTE.—Ni hablarle de eso.

FANTASMA.—Todo podría conciliarse; yo plantaría un cuadradito de crisantemos, los regaría por la noche... El azadón de noche me sentará muy bien. ¿Eh?

PEDROTE.—No me atrevo... Usted es Napoleón.

FANTASMA.—Por lo que más quieras; no digas eso. Yo me llamo don Joaquín.

PEDROTE.—Pero aquí es Napoleón. El señorito no está dispuesto a tolerar otra cosa. Y váyase, se lo ruego; imagínese que llegaran ahora.

FANTASMA.—Mira, Pedrote, tú eres un buen muchacho...

PEDROTE.—Por Dios, mi general.

FANTASMA.—Don Joaquín; llámame don Joaquín. Tú tienes un corazón que no te cabe en el pecho, y si tú quisieras...

PEDROTE *(Alerta.)*—Calle... ¡Ellos son!

FANTASMA.—¡Ellos!

PEDROTE.—Ya suben. ¡Hala, al baúl!

FANTASMA.—Voy. *(Deteniéndose.)* Pedrote, acuérdate de mí.

PEDROTE.—Haré lo que pueda, descuide.

FANTASMA.—Estoy muy solo arriba; si luego puedes subir un rato...

PEDROTE.—Iré. Pero, pronto, salga.

FANTASMA *(En la puerta.)*—Y si pudieras llevar una baraja...

PEDROTE.—¡Chist! *(Sale el Fantasma.)*

PEDROTE, SIRENA Y DANIEL

SIRENA *(Llevando del brazo a Daniel.)*—Aquí. *(A Pedrote.)* ¿No vino Ricardo?

PEDROTE.—Todavía no; pero no tardará. Salió con don Florín, y don Florín quiere acostarse temprano.

SIRENA.—¿Marcha por fin mañana?

PEDROTE.—Ya tiene el equipaje dispuesto.

SIRENA.—¡Qué bien! ¿Has oído, Daniel? Se marcha. *(Sale Pedrote.)*

DANIEL.—Te alegras, ¿eh?

SIRENA.—Sí, me alegro; estoy muy contenta.

DANIEL.—¿Qué te ha hecho don Florín? Le tienes rencor.

SIRENA *(Transición.)*—¡Rencor! ¡Oh, no!, ¿por qué? Pero no estoy bien a su lado; me da miedo. Tiene los ojos pequeños.

DANIEL.—Don Florín es bueno.

SIRENA.—Sí; es bueno. Además quiere mucho a Ricardo. ¿Había yo de tenerle rencor? Pero no sé..., cuando él está delante no me atrevo a hablar, ni a mirarle. Tiene los ojos pequños, Daniel No son como los de Ricardo, como los tuyos...

DANIEL.—¡Como los míos! ¿Y qué sabes tú cómo son mis ojos?

SIRENA.—Pues grandes, azules... ¿Cómo van a ser? ¿A que sí?

DANIEL *(Después de una vacilación.)*—Sí.

SIRENA.—¿Ves? Se te conocen en la voz. ¿Por qué los llevas siempre vendados? ¡Dejar de ver las estrellas y los

139

ojos de los demás! *(Pausa.)* Oye, ¿qué fue lo último que viste?

DANIEL *(Lentamente.)*—Una explosión de grisú. Todavía guardo aquí dentro el recuerdo del fuego, las desgarraduras con carbón, los gritos...

SIRENA.—¡Oh! *(Se cubre la cara con las manos.)*

DANIEL.—Cierras los ojos, ¿verdad? También yo desde aquel día.

SIRENA.—¿Y por qué vivir con esa imagen, Daniel? Hay tantas cosas hermosas en el mundo. Mira, ahora mismo, el mar... ¿Por qué no te quitas la venda un momento? Un momento sólo.

DANIEL.—No.

SIRENA.—Sin quitártela; la levantas un poco nada más.

DANIEL.—No.

SIRENA.—¿No quieres ver el mar?

DANIEL.—Ya lo conozco. Lo recuerdo.

SIRENA.—Pero a mí no me conoces. *(A su lado.)* Tampoco quieres conocerme a mí?

DANIEL.—También a ti te conozco.

SIRENA.—¡Oh, oh, me conoces!... ¿Cómo soy?

DANIEL.—Azul.

SIRENA *(Sorprendida.)*—¡Azul! *(Ríe.)*

DANIEL.—Toda azul, con una risa blanca.

SIRENA *(Ríe más.)*—¡Blanca y azul! ¡Soy blanca y azul!

DANIEL.—Los dos gestos del mar.

SIRENA *(Deja de reír y queda un momento en silencio.)*—¡Ah! Daniel, perdóname; creí que habías dicho una tontería. Ya no me río.

DANIEL *(Sonriente.)*—Gracias, Sirena. *(Pausa.)* ¿Quieres ahora llevarme a la terraza?

SIRENA *(Ensimismada.)*—Los dos gestos del mar.

DANIEL.—Sirena.

SIRENA.—¿Qué?

DANIEL.—Querría ir a la terraza. ¿Prefieres tú estar sola?

SIRENA.—No, voy contigo. *(Le toma del brazo.)* Blanca y azul. *(Viendo entrar a Ricardo.)* ¡Dick! *(Corre a su encuentro y al ver a don Florín se detiene.)*

DICHOS, RICARDO Y DON FLORÍN

RICARDO.—Sirena, ¡ah!, no quieres sorprendernos nunca. Te aguardábamos allá en el mar, entre la espuma. ¿No sabes ya nadar?

SIRENA.—Estuve con Daniel… Ahora íbamos a salir.

RICARDO.—¿Ahora que llegamos nosotros?

SIRENA.—Ahí nada más; a la terraza… Pero si tú me mandas quedar…

RICARDO.—No, no; mandarte, no. Ve *(Salen Sirena y Daniel.)*

RICARDO Y DON FLORÍN

RICARDO.—Sirena huye porque está usted aquí; le tiene miedo.

FLORÍN.—Sin embargo, yo no la quiero mal.

RICARDO.—No importa. Ha adivinado en usted un enemigo de la libertad y de la fantasía. En este caso un enemigo personal, porque Sirena es la libertad y la fantasía mismas. ¿No se queda usted un rato?

FLORÍN.—Tengo que madrugar mañana. Pero si has de hablarme de Sirena me quedaré. *(Se sienta.)* ¿Quién es esa mujer, Ricardo?

RICARDO.—No es una mujer, querido; es una sirena.

FLORÍN.—Mira, déjame de historias; lo que dice ella y lo que te empeñas en decir tú no me importa. Lo que yo quiero es la verdad.

RICARDO.—¡La verdad! ¡Siempre lo mismo! *(Se encoge de hombros.)*

FLORÍN.—¿Es posible que no la sepas?

141

RICARDO. —¿Para qué?

FLORÍN. —¿Es posible que tengas en tu casa a una mujer a la que te has entregado en cuerpo y en alma y de la que no sabes absolutamente nada?

RICARDO. —¿Y qué más quiero saber? Es mía, es una sirena, es toda fantasía. ¿Puedo pedir más?

FLORÍN. —Mucho más; todo lo que falta. Y si no lo has pedido ya, es porque tienes miedo.

RICARDO. —¿Miedo?

FLORÍN. —No quieras jugar con tus sentimientos. Ricardo. Tú estás enamorado de Sirena. ¿Vas a negármelo a mí?

RICARDO. —Pongamos que no lo niego. ¿Qué hay con eso?

FLORÍN. —Que el amor necesita la verdad.

RICARDO. —El mío no. Yo amo en Sirena lo maravilloso.

FLORÍN. —Al principio. Pero te dejaste arrebatar demasiado. Hoy quieres a la mujer de carne y hueso; la quieres con toda tu alma y todos tus sentimientos, y te da miedo quererla así porque no la conoces. ¿Quién es Sirena?, nada sabes.

RICARDO. —Ni me importa.

FLORÍN. —Palabras. Pero tus sentimientos acabarán por arrollarte, y ese día querrás saber. Sólo te deseo, Ricardo, que lo que entonces encuentres sea digno del amor que pones en ello.

RICARDO. —Gracias, don Florín. Pero Sirena es una deliciosa mentira que no estoy dispuesto a cambiar por ninguna verdad.

FLORÍN. —¿Y si fuera una vulgar aventurera que trata de seducirte?

RICARDO. —Por Dios...

FLORÍN. —¿Y si debajo de su ropaje fabuloso no hubiera nada? ¿Si cuando tu amor la busque no encuentra más que el vacío?

RICARDO.—¡Oh!, es la primera vez que le oigo disparatar. Usted acabará por ser de los nuestros.

FLORÍN.—Bien, bien; no hablaremos más. Tú no quieres conocerla; yo sí. No he podido tratarla apenas; ya ves que me huye y se esconde. Pero algo he visto, y lo que me falta por saber lo averiguaré muy pronto.

RICARDO.—Si eso le divierte... *(Hace un gesto de indiferencia y enciende un pitillo. Pausa.)*

FLORÍN.—¿Por qué no te vienes conmigo, Ricardo? Deja ésta; aún estás a tiempo de salvarte?

RICARDO.—¿Volver a la ciudad?

FLORÍN.—Tienes una familia.

RICARDO.—¡Ah!, sí; la tía Águeda... Y sus gatitos blancos con lazos.

FLORÍN.—¡Pero el mundo no es eso sólo! Tus proyectos de arte... *(Ricardo rechaza con un gesto)*, tus viajes...

RICARDO.—Nada; no se canse.

FLORÍN.—En fin... Te dejo con pena, Ricardo. No te auguro nada bueno en esta casa encantada donde hay fantasmas en los baúles, y hombres que viven ciegos para inventar colores. Mucho me temo que hayas arriesgado lo mejor de tu alma en un juego peligroso. *(Pausa.)*

RICARDO.—¿Se va mañana decididamente?

FLORÍN.—No me puedo quedar más.

RICARDO.—Siento que se vaya usted sin ver a papá Samy.

FLORÍN.—¡Ah!, sí; el clown de circo. *(Con intención.)* El padre de aquella muchacha que se cayó al mar...

RICARDO.—El mismo.

FLORÍN.—... y que se murió poco después.

RICARDO.—¿Por qué lo dice usted con ese tono?

FLORÍN.—No, por nada.

RICARDO.—Ya me extraña su tardanza. Le esperaba la misma noche que llegó usted.

FLORÍN.—La misma noche que llegó Sirena también.

RICARDO.—También.

FLORÍN.—Ya recuerdo, ya. *(Reflexivo.)* Qué coincidencia; esperabas a un clown de circo y entró una sirena «trepando» por las enredaderas del balcón.

RICARDO.—No veo la coincidencia.

FLORÍN.—Lo digo por lo de trepar, que es una habilidad de circo.

RICARDO.—Y de mar.

FLORÍN.—Y de mar, cierto. De todos modos, sería curioso buscar una relación a estas dos cosas: imaginar una sirena educada en un circo.

RICARDO.—¡Ah, don Florín, hombre de poca fe! ¡Usted se empeñará siempre en buscar explicaciones mezquinas a todas las cosas hermosas!

FLORÍN.—Gracias. Pero escucha: ¿Sirena no te dijo un cantar?...

RICARDO.—¡El Cantar de los Cantares!

FLORÍN.—Y aquel hombre del circo, Samy, ¿no era un lector fanático de la Biblia?

RICARDO.—¿Qué quiere usted decir?

FLORÍN.—¿No sacaste tú a su hija del mar?

RICARDO *(Nervioso, cogiéndole de un brazo.)*—¡Don Florín, la hija de Samy murió!

FLORÍN.—Y si murió su hija, ¿no puede él haber adoctrinado en la farsa a otra mujer para divertirse? O acaso peor; para tender un anzuelo a tu voluntad y a tu fortuna. ¡Ah, Ricardo, si quisieras bajar un momento de las nubes!

RICARDO.—¡Oh, no! ¿Qué cosa torpe acaba usted de sospechar? No se trata de una farsa ensayada por Samy; Sirena no es ninguna aventurera a sueldo. ¡Y no miente amor; me quiere! ¿Cómo puede usted pensar otra cosa?

FLORÍN.—¿Y te quería ya el primer día? ¿Y por qué se esconde? ¿Qué clase de mujer es esa que llega de noche, ocultándose, a entregarse a un desconocido?

RICARDO *(Violento.)*—¡Calle!

FLORÍN.—Bien, Ricardo; es inútil que hablemos más. No tengo más remedio que marchar mañana; pero espero que has de llamarme pronto. Ahora, ¿quieres oírme un último consejo?

RICARDO *(Terminante.)*—No.

FLORÍN *(Levantándose.)*—Hasta mañana, Ricardo. *(Inicia el mutis.)*

RICARDO.—¡Don Florín!

FLORÍN.—¿Hablarás por fin, muchacho? Dime.

RICARDO.—No..., nada..., hasta mañana.

(Don Florín va a salir a tiempo que entra Sirena.)

DICHOS Y SIRENA

FLORÍN.—Señorita Sirena, no esperaba tener el placer de volver a verla antes de marchar. Parece que se esconde de mí... *(Sirena, con la cabeza baja, balbucea palabras de disculpa.)* ¿Quiere darme la mano? Volveremos a vernos; no sé si como amigos o como enemigos. En todo caso..., de corazón. *(Le besa la mano y sale. Sirena lo mira ir y corre hacia Ricardo.)*

SIRENA Y RICARDO

SIRENA.—Se marcha mañana ese hombre, ¿verdad? ¿De qué hablabais, Dick? Estás triste. *(Se sienta a sus pies, cogiéndole las manos.)* ¿Te ha hecho sufrir don Florín?

RICARDO *(Le rodea el cuello con un brazo y sonríe.)*—No, Sirena; don Florín es un buen amigo; déjale.

SIRENA.—Me da miedo; quiere hacernos algún mal. Se burla de nosotros con esos ojos pequeños. ¿Qué te decía?

RICARDO.—Nada; tonterías. ¿Qué quieres que diga una persona razonable?

SIRENA.—Pero tú estás triste. ¿Qué te ha dicho? ¿En qué piensas?

RICARDO.—En ti, Sirena.

SIRENA.—¿Y te pone triste pensar en mí?

RICARDO.—Algunas veces.

SIRENA.—¿Por qué?; nunca me lo habías dicho.

RICARDO *(Pausa; la mira a los ojos.)*—¿Tú me quieres, Sirena? ¿Me quieres... de verdad?

SIRENA *(Sorprendida.)*—¡Si te quiero! ¿No había de quererte, Ricardo? ¿Por qué me preguntas eso?

RICARDO.—Por nada; no me hagas caso.

SIRENA.—¿Te ha dicho don Florín que yo no te quería?

RICARDO.—Ya pasó. ¡Ea, no hablemos de ello! ¿Dónde estuviste hoy?

SIRENA.—Salí al monte con Daniel. Muy lejos... ya apenas se veía el mar; pero como el paisaje era verde...

RICARDO.—¿No te gusta el monte?

SIRENA.—Sí; está bien.

RICARDO.—¿Qué tal si nos fuéramos a vivir allá?

SIRENA.—¿Los dos solos?

RICARDO.—Solos.

SIRENA.—Entonces sí. Pero, ¿por qué vivir en el monte?

RICARDO.—Me da miedo el mar; te atrae demasiado. Pienso que cualquier día querrás volver a él y me dejarás.

SIRENA.—¡Dejarte! Cuando yo vuelva al mar iremos juntos. ¿No me quieres tú? Pues juntos. Es otra vida aquélla, más azul y mejor que la del monte. Ya verás. ¿No vendrías conmigo?

RICARDO.—No sé.

SIRENA.—¿No tienes fe en mí?

RICARDO.—Sí.

SIRENA.—Entonces vendrás. ¿No habías de venir? El fondo del mar es como el monte, Dick; igual que el monte, con el cielo más bajo. ¡Verás qué felices somos allá! Tendremos una casita en lo más hondo con tiestos de madreperla en las ventanas y un palomar de delfines. Y las noches claras saldremos a ver los barcos que pasan por arriba moliendo con la hélice las estrellas. ¿No vendrías, Ricardo?

RICARDO *(Con un impulso repentino.)*—¿Dónde has aprendido a hablar así?

SIRENA.—¡Ricardo!

RICARDO.—¿Dónde?

SIRENA.—No me mires de ese modo...; no pareces tú.

RICARDO.—¿Quién eres, Sirena? *(Cogiéndola de un brazo.)* ¿Quién eres?

SIRENA.—Me haces daño. Suelta. *(Se desprende de él y va a sentarse lejos.)*

RICARDO *(Después de una vacilación, a su lado.)*—Escucha.

SIRENA.—Me has hecho daño.

RICARDO.—Perdóname; no quise hacértelo.

SIRENA.—¿Y por qué me mirabas así? Esos ojos no eran los tuyos. ¿Y por qué me preguntas esas cosas?

RICARDO.—Es que quiero conocerte.

SIRENA.—Pero ya me conoces. ¿No me conocías ya antes? ¿No me esperabas cuando llegué?

RICARDO.—Sí; creo que ya antes te he conocido alguna vez. Pero, ¿dónde?, ¿cuándo?

SIRENA.—Fue en el mar.

RICARDO.—No, no me hables así ahora. Ya sabes que estoy enamorado de tu fantasía y de tus palabras. Pero hoy no me bastan. Esta vida arbitraria que nos hemos creado empieza a marearme.

SIRENA.—No te entiendo.

RICARDO.—Si yo te mirara hoy como te miraba el primer día sólo te pediría mentiras para ser feliz contigo. Pero... es que te quiero, Sirena. Es que te quiero de verdad.

SIRENA.—De verdad, claro. ¿Es que se puede querer de otra manera?

RICARDO.—Como yo te quería antes. Como me querías tú a mí.

SIRENA.—Pero yo siempre te he querido de verdad, Ricardo.

RICARDO.—No juguemos. Después, mañana... Pero ahora déjame pedirte la verdad.

SIRENA.—Di.

RICARDO.—¿Quién te trajo aquí? *(Silencio.)* ¿No quieres contestarme?

SIRENA.—No me hagas sufrir...

RICARDO.—¿Pero no ves que yo sufro también? Te quise al principio porque parecías un sueño, y ahora me da miedo pensar que de verdad no seas más que un sueño y que te desvanezca la luz. Y es que te quiero... ¡Te quiero como no me imaginaba capaz de querer a nadie, con toda la fuerza de mis entrañas! Pero, ¿quién eres?, ¿cómo eres de verdad?

SIRENA.—Soy blanca y azul.

RICARDO.—¡Oh, tú quieres volverme loco!

SIRENA.—Sigue, Ricardo, lo otro; lo que decías antes.

RICARDO.—No me desesperes. No quieras esconderme la mujer de alma y de carne que hay en ti.

SIRENA.—Ya la conoces. Todo lo que yo tenía de alma y de carne te lo di.

RICARDO.—¡Eso!, pero, ¿y por qué? ¿Por qué desde el primer día?

SIRENA.—¡Te lo debía!

RICARDO *(Febril.)*—¡Mentira! ¿A quién estás obedeciendo? Por última vez, Sirena, ¡piensa que te he entregado lo mejor de mi alma; piensa que puedes ser la madre de un hijo mío!

SIRENA.—¡Un hijo! ¡Qué bien, Ricardo! Verde y amargo, mi niño...

RICARDO *(Desesperado.)*—¡Ea, basta de farsa! Me perteneces toda y tu secreto contigo. *(Cogiéndola violento.)* ¡Habla!

SIRENA *(Medrosa.)*—¡Ricardo!

RICARDO.—¡Te lo exijo; ni un momento más de oscuridad! ¿Quién eres?

SIRENA *(Espantada.)*—¡No me pegues!

RICARDO.—¡Sirena!

SIRENA.—¡No me pegues!

RICARDO.—¡Oh, es demasiado! *(La aparta de sí. Sirena, derribada, llora en silencio.)* ¿Quién te ha pegado nunca? ¿A qué viene ese miedo animal y sin sentido? ¡Es demasiado! *(Pasea agitado.)*

SIRENA *(Lentamente.)*—¡Me has pegado, Ricardo! ¡Tú tienes los ojos grandes y sin embargo... me has pegado también! ¿Por qué me llamaste aquí si no habías de quererme bien? *(Inconscientemente ha puesto los brazos en cuna.)* ¡Ah, un hijo bueno, con dos ojos grandes como dos rebanadas de sol! *(Meciendo.)* ¡Un hijo de Ricardo... para mí! *(Angustiada, tendiendo los brazos.)* ¡Un hijo, Ricardo, un hijo!

RICARDO *(A su lado.)*—¡Sirena!

SIRENA.—Así, en mis brazos... ¡Niño, niño...!

RICARDO.—Pero, mujer, loca...

SIRENA.—Quiéreme mucho, Dick. Mírame.

RICARDO.—Te quiero, Sirena; te quiero con toda mi alma.

SIRENA.—¡Así! ¡Dímelo más; dímelo otra vez!

RICARDO.—¡Ea, no llores! He sido brutal.

SIRENA.—Di que me quieres.

RICARDO.—Perdóname.

SIRENA.—Di que me quieres.

RICARDO *(La mira con ternura y la besa.)*—Te quiero.

SIRENA.—Gracias, Dick. Ahora déjame ya; no quiero que me veas llorar.

RICARDO.—Pero no te vayas, espera.

SIRENA.—No, no quiero que me veas llorar.

RICARDO.—Escucha.

SIRENA.—No me veas; no quiero que me veas. *(Sale.)*

RICARDO.—¡Sirena!

(Entra el Fantasma solemne, la mano al pecho.)

FANTASMA.—¡Salud astral, humano! Ya dieron las doce campanadas. Tam... tam...

RICARDO *(Le aparta sin mirarle.)*—¡Sirena! *(Sale tras ella.)*

FANTASMA.—Bien; esta noche no hay función. Muy bien. *(Llama.)* ¡Pedrote!

> *(Entra Pedrote seguido de Samy. Samy viste traje azul de circo con un garbancillo echado encima y un gorro cónico blanco.)*

PEDROTE, SAMY Y EL FANTASMA. *Luego*, RICARDO

PEDROTE.—Pase. Puede esperar aquí un momento, voy a buscarle. *(Sale por donde Ricardo.)*

FANTASMA.—Pues sí, parece que va a haber función. *(Samy se ha sentado en una silla con las piernas juntas en actitud reflexiva. Pausa.)* ¡Soldados: desde la cumbre de estas pirámides cuarenta siglos contemplan vuestro valor!

SAMY *(Natural.)*—Buenas noches.

FANTASMA.—No he hecho efecto. *(Se acerca.)* Usted creerá que está hablando con Napoleón, ¿verdad? Y que me he muerto en una isla, ¿eh? Sí, sí..., eso dicen. Pero la verdad es que yo me llamo don Joaquín. Así como suena. ¿Eh, qué tal?... ¿Eh? *(Poniéndole una mano en un hombro.)* Oiga, amigo.

SAMY *(Saludo mecánico de caja de sorpresas.)*—Buenas noches. *(Vuelve a su mutismo.)*

FANTASMA.—¡Ahora caigo; usted es el señor Samy! No puede usted imaginar con qué impaciencia le espera don Ricardo. Ya sabía por él que era usted un hombre muy alegre y muy disparatado. Aquí somos muy disparatados todos. Todos. Caramba, caramba, el señor Samy... También yo le esperaba con impaciencia. Don Ricardo

dice que usted me enseñará a dar el salto mortal de
vuelta... Como él se empeña en que el de ida ya lo di...
Cosas suyas. Es un gran señor don Ricardo. ¿Eh? *(Viendo
que no le hace el menor caso.)* ¡Granito! *(Entra Ricardo.)*

RICARDO *(Grave.)*—¡Samy!

SAMY *(Levantándose.)*—¡Ricardo!

FANTASMA.—¡Soldados!: desde la cumbre de esas pirámides...

RICARDO.—¡Fuera! *(Sale el Fantasma.)* ¿Quién es esa
mujer?

SAMY.—¿Está aquí?

RICARDO.—¿Quién es?

SAMY.—Dámela. ¡Es mi hija!

RICARDO *(Irónico.)*—Muy torpe, Samy. Piénsalo mejor... Tu hija murió.

SAMY.—¿Te dije eso? Quizá...; lo digo a todo el
mundo. Y en realidad... como si se hubiera muerto. Pero
yo la quiero. ¡Dámela!

RICARDO.—¡Ea, a cara descubierta! ¿Qué pretendes de
mí?

SAMY.—Nada. Quiero a Sirena.

RICARDO.—Inútil.

SAMY.—¡Es mi hija!

RICARDO.—Mientes.

SAMY.—¡Te lo juro, Ricardo!

RICARDO.—¿Por qué la mandaste aquí? ¿Qué te pro-
ponías?

SAMY.—¡Yo! ¿Y qué sabía yo? La he buscado todos
estos días. Creí que se había tirado al mar como la otra
vez..., cuando la salvaste tú. ¿Te acuerdas? No había sido
una caída, no... Desde entonces te recordaba a todas
horas...

RICARDO.—¡Samy!, mírame bien... ¿No me engañas?

SAMY.—¿Por qué había de mentirte a ti? Se escapó de
casa el día que llegó tu carta. Yo mismo se la leí; y, sin
embargo, hasta hoy no tuve la sospecha de que hubiera

venido a buscarte. Hoy lo vi claro, de repente. ¡La pobre... te recordaba con tanto cariño! Está enamorada de ti, ¿verdad?

RICARDO.—Eso no importa; que mienta o que me quiera de verdad, no importa. Pero es mía... ¡La quiero yo! ¿Me oyes viejo? Y por encima de vuestras farsas está toda mi sangre. Ya lo sabes. ¡Ahora vete!

SAMY.—¡Dámela!

RICARDO.—¡No!

SAMY.—¡Ricardo!

RICARDO.—Basta. ¡La quiero y soy el más fuerte!

SAMY.—Pero no es posible que la quieras. Tú no eres un infame... *(Ronco, mirándole a los ojos.)* ¿Es que no lo has visto, Ricardo?... Sirena está loca.

RICARDO.—¡Loca! ¿Qué dices?

SAMY.—Lo estaba ya entonces, pero yo no lo supe hasta después.

RICARDO.—¡No es posible!

SAMY.—Se había tirado al mar porque decía que la llamaban sus hermanas de allá. Y luego, siempre el mar. El mar y tú. ¡Siempre!

RICARDO *(Tapándose la cara entre los brazos.)*—¡Dios!

SIRENA *(Corriendo a los brazos de Samy.)*—¡Papá Samy!

SAMY.—¡Hija!

SIRENA.—¡Por fin me descubriste! ¡Ah, si hubiera podido borrar los caminos! Pero no me llevarás, ¿verdad? *(A Ricardo.)* ¿Viene a llevarme? ¡Oh, no lo consientas, Dick! *(Le tiende los brazos. Ricardo retrocede instintivamente.)* ¡Ricardo! *(Ricardo retrocede más.)* ¡Ricardo! *(Angustiada.)* ¿Qué es esto? ¿Has sido tú, papá Samy? ¡Tú! ¿Qué le has dicho? *(Desgarrada, abrazándose a sus rodillas.)* ¡No lo creas..., es mentira! ¡Es mentira!...

Telón

ACTO TERCERO

En el mismo lugar. En vez de las luces coloristas y fuertes de los actos anteriores hay una tenue luz blanca íntima.

(En escena, don Florín, Daniel y Pedrote. Don Florín pasea agitado. Daniel, con los ojos vendados, está sentado aparte.)

FLORÍN.—Me lo temía. Iba todo demasiado bien. ¿Y no te dijo ese hombre cómo se llamaba?

PEDROTE.—No, señor.

FLORÍN.—¿No pudiste saber tampoco por qué preguntaba con tanto interés?

PEDROTE.—Tampoco. Debe de conocer mucho al señor Samy y a su hija. A don Ricardo, no; ni su nombre sabía.

FLORÍN.—Es extraño. ¿Se lo has dicho a Samy?

PEDROTE.—Sí, señor.

FLORÍN.—¿Y qué?

PEDROTE.—Se puso muy pálido; hasta me pareció que temblaba. Y luego quiso saber todo: dónde había sido, qué señas tenía el hombre, cómo vestía...

FLORÍN.—Es preciso que yo vea a Samy inmediatamente. ¿Está en casa?

PEDROTE.—Sí, señor.

FLORÍN.—Llámale. Que venga.

PEDROTE.—En seguida.

(Sale. Entra el señor Fantasma y cruza la escena para salir en la dirección opuesta. Viste un traje viejo, holgado, como esos niños que llevan siempre arreglado un traje de su padre.)

153

Don Florín, Daniel y el Fantasma

FANTASMA.—Buenas tardes. Buenas tardes, don Daniel.

FLORÍN.—¿A la huerta otra vez?

FANTASMA.—Otra vez y siempre. ¡Oh, si viera usted qué huerta más hermosa voy a dejar en poco tiempo! He arreglado ya la empalizada para las gallinas. Y un cuadrito de berzas que es una bendición de Dios. Y las flores... una delicia.

DANIEL.—Fortunatus minimum agricolas.

FANTASMA *(Volviéndose sorprendido.)*—¿Eh?

DANIEL.—Nada.

FLORÍN.—Dice Daniel que dichoso tú.

FANTASMA.—¡Ah! Bueno. Don Daniel puede que no lo diga muy en serio. Pero sí, dichoso. Esto es vivir, y no aquello de antes. Yo, Dios me perdone, le tengo a don Ricardo un respeto como a un padre. Más. Pero aquella vida era un disparate.

FLORÍN.—Es posible.

FANTASMA.—Era mucho Napoleón y mucha fantasía. Y luego un miedo... ¡Si no podía pegar los ojos! Sería muy divertido, como decía don Ricardo; pero yo me hubiera muerto en dos meses. En cambio, ahora. Da gusto volver a vestirse de persona, y sentirse uno vivo de verdad, y salir a la luz del sol. Además, ¿no sabe usted?... ¡La señorita me llama don Joaquín!

FLORÍN.—¡Ah!

FANTASMA.—Es tan buena... Ahora voy a prepararle un ramo de flores. Lo hago todas las tardes, y todas las tardes me da las gracias. ¡Eh, como si yo fuera alguien! ¿Está mejor la señorita Sirena?

FLORÍN.—María. Se llama María.

FANTASMA.—Es verdad, nunca me acuerdo; como antes...

FLORÍN.—Antes era todo distinto. Sí, esá mejor.

FANTASMA.—Y acabará por curarse del todo. Usted es un sabio, don Florín; lo que usted no consiga... Un sabio y un santo.

FLORÍN.—Por Dios... *(Sonriente.)* Anda, vete a tu huerta; vuelve a tus flores... y a tus berzas.

FANTASMA.—Sí, ya iba... Y perdonen. ¡A mi huerta! Buenas tardes, don Daniel.

(Sale haciendo una reverencia a Samy, que entra.)

DON FLORÍN, DANIEL Y SAMY

FLORÍN.—¿Te ha avisado Pedrote?

SAMY.—Sí.

FLORÍN.—Dice que esta mañana se le acercó un extraño, un hombre de mala catadura, preguntándole con mucha insistencia...

SAMY.—Sí, sí, ya sé.

FLORÍN.—Y bien, ese hombre parece que te conoce mucho. ¿Quién es? *(Samy titubea mirando a Daniel.)* Habla, es lo mismo.

DANIEL.—¿Estorbo?

FLORÍN.—No. ¿Quién es?

SAMY.—Ese hombre es Pipo. Estoy seguro.

FLORÍN.—Bien. ¿Y quién es Pipo?

SAMY.—El amo; el del circo.

FLORÍN.—Me lo temía. El empresario, ¿verdad?

SAMY.—El mismo. Nos ha descubierto y viene a buscarnos, lo conozco bien.

FLORÍN.—Pero, ¿con qué derecho?

SAMY.—Con el de la fuerza.

FLORÍN.—Pues no admito semejante derecho. Tendrá que volverse.

SAMY.—¿Volverse él? Usted no sabe quién es Pipo.

FLORÍN.—Sea el que sea; no me importa.

SAMY.—Es toda soberbia y voluntad. Yo le he visto

155

matar a un hombre de un puñetazo porque puso en duda
sus músculos. No hay que hacerse ilusiones, don Florín.
Ya ve que se trata de mi hija, y sin embargo estoy temblando sólo de pensar que él pueda llegar.

FLORÍN.—¿Tiene miedo?

SAMY.—Sí, lo tengo. Si no fuera por Sirena, yo no me
hubiera atrevido nunca a desobedecer la menor de sus palabras; no puedo resistir aquel gesto, aquellos ojos fríos,
pequeños... No es por mí; soy ya muy viejo. Pero ¿y Sirena?

FLORÍN.—Sirena, ¿qué?

SAMY.—Él viene a buscar lo suyo. Se la llevará por encima de todos.

FLORÍN.—¿Qué quieres decir?

SAMY (Ronco.)—Sirena... es suya.

FLORÍN.—¡Eso no! ¿Qué dices?

SAMY.—Yo la hubiera defendido contra el mundo entero. Contra él no podía. La cogió para sí porque le gus-
taba; era su voluntad.

FLORÍN.—¡Dios! ¡Pero y tú, Samy, y tú!...

SAMY.—Yo ¿qué iba a hacer? Sirena, afortunadamente,
no podía comprender; nada podía dolerle porque de nada
tenía conciencia. Sólo en la carne se la podía herir... Y
Pipo también lo hacía.

FLORÍN.—¡Samy!

SAMY.—Le pegaba porque la quería. Eso decía él.

FLORÍN.—¡Oh, calla! Es odioso lo que estás diciendo.

SAMY.—Después se arrepentía y la besaba mucho. Y
nos daba cerveza.

FLORÍN.—¡Os daba! ¡Y tú le habías visto pegar a tu
hija! ¡Y sabías cómo estaba!

SAMY.—También me pegaba a mí. Era el hércules del
circo y el empresario; tenía la fuerza y el dinero. También
cuando estaba de buen humor le regalaba joyas. Usted no
entiende de esto, don Florín; no sabe usted cómo se llega a
tener un dominio así sobre un hombre; por el hambre,

por la fatiga, por el miedo. Ése es Pipo. Y está ahí a buscarnos. ¿Comprende? No es por mí…; ¡qué importo yo! Pero, ¿y Sirena, que empezaba a vivir, curada de su locura, en un amor y en una casa, con Ricardo?… ¿Eh?

FLORÍN *(Poniéndole las manos sobre los hombros.)*—Me das lástima, Samy… y asco. ¡Cobarde!

SAMY.—¿Qué era yo contra él? Ni sostenerle una mirada puedo.

FLORÍN.—Y si no podías tú, ¿no hay una ley?

SAMY.—Ya sé. Pero a él le meterían en la cárcel unos días. Y yo en la calle para siempre. Y me quitarían a Sirena para encerrarla… ¡Siempre! Sí…, hay una ley…

FLORÍN.—Bien está… ¿A Ricardo le has dicho?

SAMY.—A él no me atreví a confesarle todo; pero me temo que lo sospeche.

FLORÍN.—Que no sepa más. Tú vete, haz lo que quieras; pero Sirena es nuestra y nosotros la defenderemos. Imposible que ella vea a Pipo; sería echar a rodar todo lo hecho. Y Ricardo tampoco. Si ese hombre llega, yo lo recibiré.

SAMY.—¡Usted!

FLORÍN.—Yo. Tú vete.

SAMY.—Voy. *(Inicia el mutis.)* ¡Y yo…, yo soy el padre! ¡Cobarde! *(Sale.)*

FLORÍN.—¿Ha oído usted, Daniel?

DANIEL.—Todo.

FLORÍN.—¡Dios…, Dios!

DANIEL *(Con voz tranquila.)*—Dígame, don Florín, ¿por qué se empeña usted en curar a Sirena?

FLORÍN.—¡Cómo!

DANIEL.—¿Cree usted que es un bien devolverle la razón y abrirle los ojos otra vez a este mundo sucio que la rodea?

FLORÍN.—No sé… En todo caso, es mi deber.

DANIEL.—Deber. Bien, pero muy cruel. ¡La vida fue tan piadosa con ella! Le dio, a cambio de esto, todo un mundo de fantasía para refugiarse en él. ¿Por qué se lo quita usted?

FLORÍN.—Porque es mentira.

DANIEL.—Si ella lo cree.

FLORÍN.—Aunque lo crea.

DANIEL.—Allá usted, don Florín.

FLORÍN.—Mire, Daniel, Ahora tal vez le diera la razón; pero mañana me arrepentiría. Si emprendí la curación de Sirena fue porque Ricardo me lo pedía con gritos del alma. Y cuando le devolví las primeras luces y fui adivinando la verdad de su vida a través de sus ramalazos de razón, sentí espanto de mi propia obra. Vi bien lo que le quitaba y lo que le iba a dar en cambio. ¿Cree usted que no dudé? Pero no importa: Ricardo la quiere. Que la quiera tal como es; yo no puedo hacer otra cosa.

DANIEL.—Allá usted, don Florín.

FLORÍN.—Mentirle no; por dura que sea la verdad, hay que mirarla de frente. *(Junto a él con intención.)* ¿Me oye, Daniel?; por dura que sea. De nada sirve vendarse los ojos.

DANIEL *(Angustiado.)*—¡Calle! *(Recobrándose al sentir pasos.)* Buenas tardes, Ricardo. *(Sale.)*

Don Florín y Ricardo

RICARDO.—Su equipaje está listo. Ahora va Pedrote a preparar el coche.

FLORÍN.—No corre prisa.

RICARDO.—¿No se marcha esta tarde?

FLORÍN.—Ya no.

RICARDO.—¿Ha ocurrido algún trastorno? ¿Sirena...?

FLORÍN.—María. No tengas miedo; María va bien. Pero he de esperar; quiero observarla aún.

RICARDO.—Siendo así...

FLORÍN.—Puede ya considerarse fuera de peligro. Pero con tiento, Ricardo; una recaída ahora sería fatal. No tengo confianza en ti.

RICARDO.—Yo, pobre de mí, ¿qué puedo hacer? Si no me permite usted ni verla apenas.

FLORÍN.—Ya habrá tiempo. Y tú haces muy mal enfermero. El otro día, contra todas mis prohibiciones, la llevaste a dar un paseo a la orilla del mar. Por la noche la encontré peor; ese azul, ese olor de algas, la marea, la vuelve a sus delirios de antes.

RICARDO.—Perdón, no me di cuenta.

FLORÍN.—Y aquí mismo, ¿qué hace esa ventana abierta? Entra el rumor del mar. *(Ricardo la cierra.)* También eso la marea; le da vértigos todo. Es preciso que cuando yo me marche sea en la seguridad de que mis órdenes se cumplen; que ni en los gestos ni en las palabras, ni en los vestidos siquiera, haya nada que no sea simple y natural. Y no la llames Sirena, por lo que más quieras.

RICARDO.—Sí, sí, se hará.

FLORÍN.—Hasta en las luces; nada de luces verdes y rojas; esta luz blanca... y el sol mejor que nada.

RICARDO.—Lo que usted diga.

FLORÍN.—Y si fuera posible, otra casa, en el monte... Un hogar. Ésta, con ese aire de brujería, le destroza los nervios a cualquiera.

RICARDO.—Todo lo que sea preciso. Todo, con tal de devolverle la razón.

FLORÍN.—La razón... ¡Cómo la pides ahora! También antes pedías la locura, y cuando la encontraste no tuviste más que instinto para volverte atrás.

RICARDO.—Ya pasó. No hablemos más de eso.

FLORÍN.—Dichosamente. Pero piensa en aquel tu afán de deshumanizar la vida, y mira a los demás. Lo que para ti era un simple juego de ingenio era para ellos dolor; operabas sobre carne viva. Y no viste la locura de María, ni el hambre miserable de Samy, ni siquiera la tragedia pueril de ese pobre Fantasma que tenía miedo de su propia sombra y se moría de fe por los desvanes.

RICARDO.—No necesita decirme nada, don Florín; ya lo he medido todo.

FLORÍN.—Y tus sentimientos..., ¿los has medido también?

RICARDO.—También.

FLORÍN.—¿Y quieres a María? ¿Estás seguro?

RICARDO.—Con toda mi alma.

FLORÍN.—Pues bien; yo te la voy a devolver curada. Pero... pudiera ser la verdad que vas a encontrar ahora sea bien triste.

RICARDO.—Como sea.

FLORÍN.—¿La quieres de todos modos?

RICARDO.—Basta. ¡La quiero! *(Entra Sirena.)*

FLORÍN.—Ahí la tienes. *(Bajo.)* Despacio, Ricardo. *(Jovial.)* Hola, Maruja. ¿Cómo anda esa cabecita?

SIRENA.—¡Oh bien!; muchas gracias.

FLORÍN.—¿Ya no hay mareos?

SIRENA.—Nunca me sentí mejor. Ahora quisiera trabajar un poco en esta lana. ¿Puede ser?

FLORÍN.—Bien. Sin esforzar mucho la atención, ¡eh! *(Sirena le estrecha las manos. A Ricardo.)* Despacio. *(Sale.)*

SIRENA Y RICARDO

(Sirena es toda sencillez ahora; en el vestir, en el hablar; con una dulce tristeza de convaleciente.)

SIRENA.—¿No te molesto?

RICARDO.—¡Oh, no! ¿Por qué?

SIRENA.—Don Florín me dice siempre que estás tan ocupado. Yo también; mira. *(Muestra su labor: unos zapatitos de lana blanca.)* Tanto tiempo que no hacía estas osas; creí que se me había olvidado. Se me olvida todo; no sé lo que me pasa.

RICARDO.—Cansancio; estás todavía muy débil.

SIRENA.—Todavía. ¿Y desde cuándo? Muy larga ha debido ser mi enfermedad; todos habláis de ella como de una cosa de siempre. ¿Estabas ahora haciendo algo?

RICARDO.—No...; pensaba.

SIRENA.—¿Qué pensabas?

RICARDO.—Una cosa que quería consultar contigo. Dime: ¿te gusta esta casa?

SIRENA.—Sí...

RICARDO.—Con franqueza. ¿No te gustaría más una casa en el monte, con árboles?

SIRENA.—Sí, eso sí; y con mucho silencio. Ésta es tan... rara. Yo recuerdo mi casa de antes, con papá Samy. ¡Aquélla sí que era triste! Tenía una luz verde... Papá bebía cerveza y se sentaba en el suelo a tocar la guitarra; y se le caían las lágrimas. Después me leía un libro que hablaba de Dios.

RICARDO (Inquieto.)—No pienses en eso.

SIRENA.—Lo recuerdo a veces. Eso, y otras cosas; todo como si lo hubiera soñado. Y me ocurre que no sé separar lo que es verdad y lo que es mentira. Porque hay cosas... (Se queda fija, con un esfuerzo de memoria.) Hay cosas que no pudieron ser verdad.

RICARDO (Detrás de ella, le pasa las manos por la frente con ternura.)—No pienses, no te esfuerces.

SIRENA (Le coge las manos sin mirarle.)—Pero si es mentira, ¿cómo lo sueño tantas veces? Unos ojos fríos, pequeños... Y un látigo en la mano...

RICARDO.—Deja, no pienses más, Sirena.

SIRENA.—Sirena... ¿Por qué me llamas así? ¿No te gusta mi nombre?

RICARDO.—Sí, es muy bonito: María.

SIRENA.—María es un bonito nombre; tan sencillo... Y Sirena... ¿Quién se llamaba así?

161

RICARDO.—Cualquiera, ¿qué importa?

SIRENA.—Sirena…

RICARDO.—¡Ea, basta!; es preciso que no te esfuerce
en nada. Y no trabajes tampoco; deja eso.

SIRENA.—No, esto hay que acabarlo pronto. Pued
hacer falta cualquier día.

RICARDO.—¿Qué, esto?

SIRENA.—Esto; unos zapatitos de lana, para que teng
los pies bien abrigados.

RICARDO.—¿Qué estás diciendo?

SIRENA.—Yo he visto una vez un niño llorando con lo
pies negros de frío. Me dio una lástima… Y el nuestro no
no quiero que llore.

RICARDO.—¿Pero de quién hablas?

SIRENA.—Del hijo.

RICARDO.—¡El hijo!

SIRENA.—Yo me río de don Florín y de lo que sab
Dice que estos mareos…, que si el olor del mar y de la
algas. Pero las mujeres sabemos de esto más que los médi
cos. El mar…, bueno está él. Y esto que siento yo dentr
de mí…

RICARDO.—¡Un hijo! *(Poniendo una mano crispad
sobre la labor.)* Pero entonces, ¿de quién?

SIRENA.—¿De quién? *(Angustiada.)* ¿Qué quieres de
cir, Ricardo?

RICARDO *(Con un esfuerzo.)*—Perdón… No sé lo qu
digo… Trabaja.

SIRENA.—Trabaja, trabaja… *(Queda inclinada sobre l
labor. Trabaja. Entra el señor Fantasma con un ramo d
flores frescas.)*

DICHOS Y EL FANTASMA

FANTASMA.—Señorita… No me atrevía a llegar hast
su cuarto. Total, no merece la pena. Son unas flores..
Pero yo…, como las cultivo yo…

SIRENA *(Tendiéndole la mano.)* —Es usted muy bueno conmigo. Gracias, don Joaquín.

FANTASMA *(Puerilmente conmovido.)* —Así..., don Joaquín. Parece que no es nada... Y da gusto oírlo. *(Le besa la mano. Saliendo.)* Don Joaquín... Don Joaquín... *(Sale.)*

(Sirena acaricia sus flores. Hay una pausa larga.)

SIRENA. —Mucho callas, Ricardo.

RICARDO. —No...; pensaba.

SIRENA. —¡Pensabas! ¿Por qué me tratas así?

RICARDO. —¡Yo! ¿Qué te hago yo?

SIRENA. —¿Ves? Se te escapa el mal humor en todo.

RICARDO. —No lo creas; estaba pensando.

SIRENA. —Pues yo también. ¿Y sabes lo que pensaba? Que no me quieres. Te estorbo.

RICARDO. —Basta; no me gusta que hables así.

SIRENA. —Pero si no me quieres has hecho muy mal en traerme aquí engañada. ¿Qué hago yo aquí? Yo no soy tu mujer, ni tu hermana... ¿Qué hago yo aquí? ¿Y desde cuándo estoy aquí?

RICARDO. —¡Oh, calla!...

SIRENA. —No soy tu mujer... Y voy a tener un hijo. ¿Qué significa esto, Ricardo? ¡Ah, me habéis engañado todos, y decíais que me estabais curando! ¿De qué?

RICARDO. —¡Por lo que más quieras, Sirena!

SIRENA. —¿Y por qué me llamas Sirena? Ya antes me llamaste así otra vez. No os entiendo. Todos, todos me estáis ocultando algo. Y es preciso que yo sepa. *(Exaltándose.)* ¿Por qué te da miedo que vaya a tener un hijo? Y antes..., antes..., ¿por qué me preguntaste que de quién? *(Abrazada a él.)* ¡Ricardo! ¿Por qué?

RICARDO *(Loco.)* —¡Porque no es mío! ¡Porque es de todos los canallas que hicieron banquete de tu locura! ¡No es mío!, ¿lo oyes? ¡ni tuyo apenas! ¡Y te quiero! ¡Te quiero por encima de todo!

163

DICHOS Y DON FLORÍN. *En seguida* PEDROTE
en la puerta opuesta.

FLORÍN *(Severo.)*—¡Ricardo!
RICARDO *(Se recobra.)*—Perdón…
SIRENA *(Vencida por un dolor físico.)*—¡Oh, hijo!…
PEDROTE.—Señor, el hombre ese…
FLORÍN *(Atajándole enérgico.)*—¡Que espere! *(Sale Pedrote.)*
SIRENA.—No ha sido nada, don Florín.
FLORÍN *(Rápido.)*—¡Por tu alma, Ricardo, llévala!
SIRENA *(Saliendo sostenida por Ricardo.)*—Cómo muerde…, cómo muerde este hijo mío…

DON FLORÍN Y PIPO

(Pipo es algo de lo que dice Samy, pero bastante menos. Espaldas anchas, poca inteligencia cadena gorda de oro y colgante de pelucona. Un canalla de escuela.)

FLORÍN.—¿Quién le ha autorizado para pasar?
PIPO.—Nadie, es verdad. Ya me ha dicho ese del chaleco encarnado que esperara. Pero yo no estoy hecho a esperar en ninguna parte. Voilá. ¿El amo de la casa, me hace el favor? Ese señorito Ricardo.
FLORÍN.—Ese señorito Ricardo no puede recibirle a usted.
PIPO.—Me lo esperaba. Ya me temía yo que el del chaleco había cantado.
FLORÍN.—Usted me hará el favor de decirme a mí lo que desea.
PIPO.—Perdón. ¿Es usted el apoderado?
FLORÍN.—Le ruego que no siga por ese camino. Ese lenguaje me lo sé de memoria, y es de muy mal gusto. Nos entenderíamos mejor en cualquier otro.

PIPO. — Agradeciendo. También yo me he rozado con las personas, no crea.

FLORÍN. — ¿Qué quiere usted?

PIPO. — Antes, permítame que me presente. Yo soy Pipo, empresario del Circo Palace, gran cinturón de la reina de Inglaterra...

FLORÍN. — Ya lo sabía.

PIPO. — ¿Y usted?

FLORÍN. — Yo, da lo mismo.

PIPO. — Mucho gusto.

FLORÍN. — Le he preguntado qué quiere.

PIPO. — Por partes. Yo, cosas del oficio, soy bastante bruto...

FLORÍN. — Se ve.

PIPO *(Cortado un momento.)* — ¿Sí?... Pues sí, muy bruto; mucho. Y muy razonable. Las dos cosas. Conque puede usted escoger.

FLORÍN. — Sin rodeos.

PIPO. — Como el agua. Ustedes tienen secuestrada aquí a una mujer que es mía. Sí, señor; mí-a. Y al señorito ese parece que le ha gustado. No me opongo; a mí también. Pero yo ya la he tenido mucho tiempo, y no es mujer para tanto.

FLORÍN. — Acabe.

PIPO. — Pues, señor, si le he dicho que es mía y que estoy harto de ella... Moraleja: que si me la pagan bien... *(Don Florín da un paso hacia él, Pipo le detiene con la contera del bastón.)* Dispense; hemos quedado en que las cosas claras.

FLORÍN. — ¡Pagar dice usted! ¡Y usted se atreve!

PIPO. — Yo digo lo mío. Voilá. Y no hay que ofenderse; también pude haberme ofendido yo y venir en plan de pasional. Pero si es preciso, todo se andará.

FLORÍN. — Deje las amenazas; no es camino.

PIPO. — Me alegro; también yo prefiero el otro.

FLORÍN.—Pues aquí ninguno de los dos. Aquí no entendemos de comprar mujeres.

PIPO.—Será usted. Pero por ahí anda escondido un señorito que puede que le convenga. Dígale que salga, hombre; que no me lo voy a comer.

FLORÍN.—¡Ese hombre no se esconde de nadie!

PIPO.—¿Por dónde se pasa?

FLORÍN *(Delante de él.)*—¡No se pasa!

PIPO.—¿Me lo va a impedir usted?

FLORÍN.—Yo.

PIPO.—¡Oh, mon gigolo! *(Va a hacerle una carantoña. Don Florín le coge la mano.)* Quita. *(Le empuja. Entra Samy; ha bebido y viene borracho de vino y de miedo, barbotando compases de La Marsellesa, con un látigo en la mano.)*

DICHOS Y SAMY. *Después*, RICARDO

SAMY.—Allons enfants de la patrie…

PIPO.—¡Atiza, Samy! Segundo número.

SAMY.—¡Sí, Samy! ¿Qué te parece? Soy el padre, ¿sabes? Yo vengo a abrirte la cabeza.

PIPO.—Como una cuba. Lo de siempre.

SAMY.—Esa cabeza de buey, ¿te enteras? ¡Yo!

FLORÍN.—Vete, Samy.

SAMY.—¡No me voy! Que yo tenía una hija y Pipo tenía un látigo… ¿Comprendes, viejo? Y hoy traigo yo un látigo… Y… traigo un látigo…, y… *(Llega junto a Pipo y cae de rodillas.)* ¡No! ¡Perdóname, Pipo!

PIPO *(Empujándole.)*—¡Imbécil!

SAMY.—No quise hacerte mal. Es que he bebido, y…, y traigo un látigo, y… y… *(Queda derribado, amodorrado contra unos almohadones.)*

PIPO.—El padre, ahí tiene usted. ¡Es toda una familia! También ese trasto es mío; pero ése se lo regalo.

FLORÍN.— ¡Salga usted de aquí!

PIPO.— Necesito ver a Sirena.

FLORÍN.— ¡Eso, no!

PIPO.— O al señorito. A usted le asusta mucho soltar la plata, ya se ve. Y no es para tanto; no voy a pedir la luna... Ya comprendo que la pobre..., como está así...

FLORÍN *(Abalanzándose a él.)*— ¡Canalla!

(Aparece Ricardo, desencajado, esforzándose en serenarse.)

FLORÍN.— ¡Ricardo!

PIPO.— Servidor.

RICARDO *(Breve, llegando hasta Pipo.)*— Salga.

PIPO.— Oiga, joven.

RICARDO.— Sirena está ahí, ¿me oye? Si lo ve, si da usted una voz siquiera, lo mato.

PIPO.— Eso...

RICARDO.— Por mi alma que lo mato aquí mismo. *(Sin gritos. Con una firmeza honda. Pipo siente que dice la verdad.)* Salga.

PIPO *(Buscando una posición más airosa.)*— Tampoco hay que ponerse así, hombre... Yo venía razonablemente...

RICARDO.— Ni un momento más.

PIPO.— Está bien. *(Retrocede.)* Entonces..., supongo que volveremos a encontrarnos.

RICARDO *(Terminante.)*— ¡Fuera!

PIPO.— Pues, hasta la próxima... No dirán luego que ha sido mía la culpa. Servidor. *(Sale.)*

RICARDO, DON FLORÍN Y SAMY. *Luego*, DANIEL

FLORÍN.— Ricardo, hijo...

RICARDO.— La verdad... Hay que mirarla de frente, ¿No es eso lo que usted manda?

SAMY *(Amodorrado.)*— Le jour de gloire est arrivé...

RICARDO. — Este hombre… Samy. *(Le sacude.)*

FLORÍN. — Déjale; está borracho. *(Ricardo le mira con asco.)*

SAMY. — ¿Qué? ¿Se ha ido? ¡Y yo…!

FLORÍN. — Vete, Samy; enciérrate en tu cuarto.

SAMY. — Voy… voy… Y yo…, yo traigo un látigo… ¡El padre! Allons enfants… *(Sale tropezando con Daniel, que entra.)*

RICARDO. — ¡La verdad!

DANIEL. — ¿Qué va diciendo Samy?

RICARDO. — ¡Es bien triste la verdad, don Florín! Pero tiene usted razón; por dura, por amarga que sea… *(Exaltado.)* ¿Lo oyes, Daniel? ¡Y tú, cobarde, que te vendas los ojos para no ver! *(Le arranca la venda.)* ¡Mira tú también de frente!

DANIEL *(Rígido.)* — ¡Ricardo!

RICARDO *(Mirándole los ojos blancos, sin expresión.)* — ¡Ciego!

DANIEL. — ¿Por qué lo has hecho? ¿Qué daño te hacía yo? Si era una ilusión olvidarlo… *(Tendiendo las manos.)* Dame. *(Se vuelve a poner la venda.)* No lo digas a nadie… No lo digas a nadie… *(Sale.)*

RICARDO. — ¡Ciego!

FLORÍN *(Amargo.)* — ¡Ya lo sabía!

RICARDO. — Pero esto es horrible… ¿Y es ésta la verdad? ¿Siempre? ¿Es esto lo que usted quería devolver a Sirena? ¡Ah, no, no será! Gracias, don Florín, por lo que quiso hacer. Pero váyase. ¿No se marchaba esta tarde? ¡Pues váyase ya! Yo destruiré su obra otra vez punto por punto. ¡Y con qué alma, con qué alegría nueva! *(Gritando.)* ¡Sirena! ¡Sirena! *(Abre la ventana de par en par.)*

FLORÍN. — ¡Loco! ¿Qué vas a hacer?

RICARDO. — ¡Lo que Daniel! ¡Vendarla otra vez! ¡Suelte!

FLORÍN. — ¡No!

RICARDO.—¡¡Sí!! *(Se desprende con violencia. Entra Sirena.)* Váyase. *(Sale don Florín.)*

RICARDO Y SIRENA

SIRENA.—¿Qué ocurre? ¿Por qué gritas así?

RICARDO.—¡Ven! ¡Mía sólo!

SIRENA.—¿Por qué reñías a don Florín?

RICARDO.—¡Porque te quiero! Son malos todos esos hombres... Don Florín también... ¡Querían engañarte, devolverte la conciencia de una vida encanallada y sucia!

SIRENA.—¡Oh!, ¿quién..., qué dices?

RICARDO.—¡Y es mentira! ¡Tú eres una sirena, eres blanca y azul! ¿No ves: el mar?

SIRENA *(Con una fuerza de instinto.)*—¡Suelta!

RICARDO.—Volveremos al mar cuando tú quieras, Tengo una barca mía. Saldremos por la noche... *(Enciende una luz verde fuerte.)*

SIRENA *(Desasosegada.)*—El mar..., el mar...

RICARDO.—Iremos a nuestra casa del fondo, ¿no te acuerdas?... Una terraza de algas y un palomar de delfines...

SIRENA.—Sí..., recuerdo, recuerdo...

RICARDO.—«Mi amado se hizo una barca de madera del Líbano...» «¡Sus remos hizo de plata y sus arpones de amor!»

SIRENA *(Escondiendo la cara entre los brazos.)*—¡Oh, calla! *(Cae rendida en su butaca.)*

RICARDO.—Ven.

SIRENA.—¡No! Por tu alma, Ricardo...; me estalla la cabeza, me siento morir... Esa luz. Apaga.

RICARDO.—No tengas miedo... Nos espera el mar. ¡Juntos en él para siempre!

SIRENA.—No. Ya estuve una vez... Es un abismo

amargo. Y ahora… *(Cruza los brazos sobre el vientre y estalla en sollozos.)* ¡Hijo mío!

RICARDO.—Sirena.

SIRENA.—¡Por él, Ricardo; no me lleves! Esa ventana… *(Ricardo vacila.)* ¡Por él! *(Ricardo cierra.)* Ahora…, junto a mí. No me lleves…

RICARDO *(Vencido.)*—¡Mujer…!

SIRENA.—Es el hijo, ¿comprendes? ¡Si no fuera…! A la otra casa, sí, en el monte, con árboles y en silencio… No es nada…; el mareo… *(Reclina la cabeza en el asiento.)* Esa luz… *(Entorna los ojos. Ricardo apaga.)*

RICARDO.—Ahora, sí; ahora hay que curarla por encima de todo. *(Vuelve junto a ella.)* Duerme. *(Besándole las manos con una ternura infinita.)* María…

Telón final

FIN DE
«LA SIRENA VARADA»

NUESTRA NATACHA

COMEDIA EN TRES ACTOS
EL SEGUNDO DIVIDIDO EN TRES CUADROS

A PEPITA DÍAZ
Y MANOLO COLLADO

PERSONAJES

AGUILAR
SOMOLINOS
FLORA
RIVERA
LALO
NATACHA
DON SANTIAGO
MARIO
SANDOVAL
SEÑORITA CRESPO
FINA
ENCARNA
MARÍA
OTRAS NIÑAS
MARQUESA
EL CONSERJE FRANCISCO
MARGA
FINA
JUAN

Esta obra fue estrenada por la Compañía de Josefina Díaz y Manuel Collado, en el Teatro Victoria, de Madrid, el día 6 de febrero de 1936.

ACTO PRIMERO

En una Residencia de estudiantes. Salita de tertulia. Sobria decoración, de líneas rectas. Un retrato de Cajal; algún mapa antiguo, fotografías de arte. En grato desorden, alternando con los libros, raquetas de tenis y copas deportivas. Al fondo, puerta sobre el jardín y ventanas horizontales, bajas, veladas con cortinas blancas.

En escena, AGUILAR Y SOMOLINOS. *Luego* FLORA

SOMOLINOS *(Dictando. Aguilar copia en una pequeña máquina de viaje.)*—«Por ello, esta Federación de Estudiantes, exclusivamente profesional, declara ser en todo ajena a los sucesos desarrollados ayer en San Carlos y Ciudad Universitaria...» *(Entra Flora.)*

FLORA.—Perdón; un momento. ¿Sabéis si ha vuelto Mario?

AGUILAR.—Todavía no. Estará, como siempre, a la caza de insectos.

FLORA.—¿Me haréis el favor de darle esto de mi parte cuando llegue?

AGUILAR.—¿Insectos también?

FLORA.—Un buen ejemplar para su colección. *(Le entrega una cajita.)*

AGUILAR.—Se le dará.

FLORA.—Gracias. *(Sale.)*

SOMOLINOS.—¿Dónde íbamos?

AGUILAR.—«...sucesos desarrollados ayer en San Carlos y Ciudad Universitaria...»

SOMOLINOS.—«Y eleva a ese rectorado su respetuosa y enérgica protesta por las sanciones gubernativas que se anuncian con este motivo, en contra de nuestras organizaciones, del fuero universitario y de nuestras clases de cultura popular. Madrid, etc., etc.»

AGUILAR.—Hecho.

SOMOLINOS.—Yo mismo lo llevaré al señor Rector. Y si el rectorado no nos escucha, a la Prensa. *(Firma.)*

DICHOS Y RIVERA

RIVERA *(Entrando.)*—¿Qué, habéis terminado ya?

AGUILAR.—Ya.

RIVERA.—Protesta respetuosa y enérgica, ¿verdad? Como siempre.

AGUILAR.—¿Qué vamos a hacer? Nosotros no podemos cargar con más responsabilidades que las nuestras.

SOMOLINOS.—Lo que debiérais hacer todos es ser menos incautos. Os estáis dejando arrastrar a una guerra civil estúpida y estéril. Los únicos que salen ganando con todo esto son los enemigos de la Universidad.

RIVERA.—No lo dirás por mí.

SOMOLINOS.—Por muchos de los nuestros. Lalo estaba ayer en la revuelta de San Carlos. Han dado su nombre en la Dirección de Seguridad.

AGUILAR.—Cómo iba a faltar ése.

RIVERA.—Me han dicho que le han abierto la cabeza con una porra.

SOMOLINOS.—No será tanto. Lalo tiene una sangre demasiado escandalosa. Yo sentiré que la cosa sea grave, pero no le está mal. Cuando aspiramos a que nuestra voz se escuche en la reforma universitaria, cuando acabamos de poner en marcha una Federación seriamente preocupada por los problemas escolares y estamos organizando nuestras clases para obreros, no se puede comprometer todo eso con algaradas estúpidas. Lo de ayer no tenía pies ni cabeza.

AGUILAR.—Atención: aquí llega nuestro herido.

Los mismos y Lalo

(Lalo trae una larga venda arrollada a la frente.)

RIVERA. —Querido Lalo...

AGUILAR. —Pero, ¿qué ha sido eso, hombre de Dios?

LALO. —Reincidencia. Es la tercera vez que me abren la cabeza en San Carlos. No sé qué empeño tienen esos bárbaros en averiguar lo que llevo dentro. ¿No tenéis por aquí un botiquín?

RIVERA. —En seguida.

LALO. —¿Gasa...? ¿Iodo...?

RIVERA. —También.

LALO. —¿Tijeras...? ¿Pinzas...?

RIVERA. —De todo; estate tranquilo.

LALO. —Con cuidado, eh.

RIVERA. —Tú siéntate y calla. *(Prepara sobre una mesa sus cosas para hacer una cura.)*

SOMOLINOS. —Pero ¿quieres decirme qué diablos ibas tú a buscar allá?

LALO. —Psé, afición. Llamaron a la Residencia por teléfono: avisen a Lalo que hay ensalada en la Facultad. Me imaginé la escena: hurras, desbandadas, los tranvías de Atocha volcados, los guardias... ¿Qué iba yo a hacer? Era una tentación.

AGUILAR. —¿Pero sabías de qué se trataba?

LALO. —No hacía falta. Yo acudo siempre a estas cosas desinteresadamente.

SOMOLINOS. —¿Pensaste siquiera de parte de quién ibas a ponerte?

LALO. —Tampoco: mi deber era ponerme donde hubiera menos.

SOMOLINOS. —Ya. Romanticismo puro.

LALO. —Llegué en un taxi. Me acerqué a uno para preguntarle. Tenía un aspecto entre estudiante y obrero;

estaba mirando desde lejos, en silencio y con un gran aire filosófico, como si la cosa no fuera con él. Le dije: camarada. Entonces se volvió, sacó la porra y zas. Un admirable ejemplo de laconismo. Cuando desperté estaba dentro de la Facultad, en brazos de esa muchachita rubia de Preparatorio, que me miraba llena de lágrimas. ¡Oh, es el gran momento de los heridos!

RIVERA (*Que al fin ha acabado de quitarle las vendas.*)—A ver, quieto. (*Le limpia con alcohol.*) Pero, oye tú, ¿para esto te has puesto una venda de seis metros?

AGUILAR.—¿Qué es?

RIVERA.—Si no tiene nada.

LALO.—¿No?

RIVERA.—Nada; un rasguño.

LALO.—¡Demonio!... Oye, ¿y no se podría abrir un poco más?

RIVERA.—Vamos, hombre...

LALO.—Entonces, la venda...

RIVERA.—Al cesto. (*Recoge sus cosas.*)

LALO.—¡Qué lástima! La rubita había dicho «pobre Lalo» con una ternura tan maternal... Se va a llevar una desilusión.

SOMOLINOS.—Muy gracioso. Tú te diviertes, y yo a responder en nombre de la Federación. A oírnos acusar una vez más de agitadores y revoltosos sin sentido. Bien está. (*Recoge sus documentos.*) Por mi parte, no volveré a hacerte caso hasta que no te abran la cabeza... pero de verdad. Buenas tardes. (*Sale.*)

LALO.—Adiós..., santa Isabel de Hungría. Es intratable ese hombre. Se toma todas las cosas con una gravedad...

AGUILAR.—No me negarás que esta vez tiene razón.

LALO.—¿Pero qué razón? ¿Qué culpa tengo yo de no haber recibido un estacazo más eficaz? Además, que lo de ayer tarde no ha tenido ninguna importancia. Lo grave fue por la mañana.

RIVERA.—¿Qué ocurrió por la mañana?

LALO.—Los exámenes. Se calcula un setenta por ciento de bajas. La mía entre ellas.

AGUILAR.—Muy bonito.

LALO.—Ah, ¿pero tú también? No, amigos, no. Os estáis poniendo todos en un plan de seriedad irritante. Aquí no puede haber una falta a clase, ni una juerga, ni un suspenso. Mucha disciplina, mucho laboratorio; y de haber algún herido, que sea grave. Pero, ¿qué casta de estudiantes sois vosotros?

RIVERA.—Quizá Somolinos exagera un poco. Pero, también tú...

LALO.—Yo lo que quiero es beberme hasta el último trago mi juventud. Estudiar no basta; hay que vivir. ¿Y qué vivís vosotros? Libros, conferencias, traducir revistas profesionales. Hala, de prisa, a terminar la carrera. Sólo veis el mundo por esa ventana. Pero la vida es más ancha; si le volvéis la espalda ahora, ¡pobre juventud la vuestra!

AGUILAR.—Pobre, ¿por qué? Lo que pasa es que a ti y a nosotros no nos divierten las mismas cosas.

LALO.—Sí, ya; también tenéis vuestras piscinas de invierno, vuestro tenis. Y los domingos, al campo, a hacer salud.

RIVERA.—Y las compañeras.

LALO.—Unas compañeras con las que no hacéis más que estudiar asignaturas, y algún beso suelto. Poca cosa. Cuando os encontréis de lleno en la vida, veréis para qué os ha servido tanto libro.

AGUILAR.—Por lo menos para desempeñar a conciencia una profesión útil.

LALO.—¿Útil? Vamos a ver. Tú eres agrónomo; habrás estudiado a fondo todas las leyes mendelianas de la herencia en el guisante, ¿verdad? Muy bien. Pero... ¿tú sabes en qué época del año se siembran los guistantes?

AGUILAR.—¿Los guisantes?... Los guisantes...

LALO.—¿Lo ves? Pues has perdido el tiempo. Y tú,

cuando seas ingeniero y andes por esos montes haciendo el replanteo de carreteras, ¿sabes encender el fuego delante de tu tienda y hacerte unas sopas de ajo?

RIVERA.—Bueno, Lalo, pero eso es una broma.

LALO.—¡Qué ha de ser broma! Yo tengo treinta años. Hace catorce que empecé a estudiar Medicina; tres generaciones han pasado sobre mi cadáver, y yo aquí, firme en mi puesto. Si la suerte me ayuda un poco, no terminaré en otros catorce. ¿Y qué? ¿Creéis que he perdido el tiempo?

RIVERA.—No has terminado porque no quieres. Tú eres rico. Te gusta esta vida y puedes pagarte el lujo de estudiar eternamente.

LALO.—Eso, por un lado, no lo niego. Las carreras no son para aprobarlas; son para disfrutarlas. Pero es que además he aprendido todo un repertorio de cosas útiles por mi cuenta. El primer año me suspendieron en Disección, pero aprendí carpintería; el segundo me colgaron en Fisiología, pero aprendí a cultivar el maíz; el tercero caí en Patología y Terapéutica, pero aprendí la cría del conejo y a fabricar cestos de mimbre. Y si hoy naufragara en una isla desierta, yo os juro que sabría vivir solo y a mis anchas, mejor que el primer Robinsón.

AGUILAR.—Muy pintoresco. Lo malo es que no hay islas desiertas.

LALO.—¿No? Yo tengo una.

RIVERA.—¿Una isla?

LALO.—Algo parecido. Es una alquería deshabitada desde mis abuelos. Tiene de todo: agua, monte, buena tierra, una casa de labor en ruinas y un molino. Todo abandonado desde hace cuarenta años. Pues bien: yo, Lalo Figueras, estudiantón inútil de la vieja escuela, a vosotros, supercivilizados de hoy, os hago un desafío.

RIVERA.—¡Venga!

LALO.—Os regalo esa finca. ¿A qué no sois capaces entre todos —peritos agrícolas, ingenieros, arquitectos—, a que no sois capaces de poner todo aquello en valor, de levantar allí una granja modelo, una fábrica?

AGUILAR.—¿Nosotros solos?

LALO.—Solos.

AGUILAR.—No, gracias. Demasiadas cabezas y pocas manos.

LALO.—Ah, tú lo has dicho: demasiadas cabezas.

> *(Entra Mario. Es un joven naturalista ingenuo y abstraído, de ceño hecho a la contemplación minuciosa y manos de gesto delicadísimo. Sonrisa infantil, grandes gafas, sandalias y manga de cazar mariposas.)*

RIVERA.—Ilustre Mario, hijo predilecto de Linneo: salud.

MARIO.—Salud, amigos.

RIVERA.—¿Qué tal? ¿Ha sido provechosa hoy la caza?

MARIO.—Oh, nada; mariposas vulgares, un grillo-talpa... Lo de siempre. No tengo suerte.

AGUILAR.—A ver si te espera aquí la sorpresa del día. *(Le entrega la cajita.)*

MARIO.—¿Qué es esto?

AGUILAR.—Al parecer, un hermoso ejemplar para tu colección. De parte de Flora.

MARIO.—¡Flora! Gran muchacha. Es la primera mujer guapa que veo interesarse por las Ciencias Naturales. Perdón, voy a dejar todo esto en mi cuarto. En seguida vuelvo. Perdón. *(Sale.)*

LALO *(Le mira ir moviendo reflexivamente la cabeza.)*—Pues mira el vegetariano éste: veinticinco años, y es ya todo un sabio. ¡Qué vergüenza! Porque Mario es un sabio de verdad, ¿eh?: se deja los grifos abiertos, se va andando al Pardo a cazar grillos... El otro día, creyendo que era un diccionario lo que tenía en la mano, se pasó media hora buscando una palabra alemana en una tabla de logaritmos.

AGUILAR.—Tú tómalo a broma, pero Mario irá muy lejos. Es un naturalista de primer orden.

LALO.—Sí, eso no lo dudo.

AGUILAR.—Y en cuanto a sus animalejos, ¡si vieras qu⟨e⟩ maravillas en esas vidas tan pequeñas! Ahora está escri-biendo una Memoria interesantísima sobre «Las costum-bres nupciales de los insectos.»

LALO.—¿Lo veis? A eso voy yo. Las costumbres nup-ciales de los insectos. Pero si ese chico no ha tenido un⟨a⟩ novia en su vida. Él será muy capaz de sorprender con s⟨u⟩ lupa el amor de una libélula. En cambio, todavía no se h⟨a⟩ dado cuenta de que Flora está loca por él.

RIVERA.—¿Flora?...

LALO.—Ah, ¿vosotros tampoco? ¿De dónde le viene ⟨a⟩ Flora, estudiante de Filosofía y Letras, esa ternura por lo⟨s⟩ saltamontes? ¿Qué significa ese traerle de todas las excur-siones algún bicho para su colección?

RIVERA.—Pues, ¿sabes que es verdad?

LALO.—Naturalmente. Lo está sobornando con esca-rabajos. *(Vuelve Mario emocionado, mostrando en alto s⟨u⟩ tesoro.)*

MARIO.—¡Quietos! ¡Aquí está! Miradlo todos. ¡Mi-radlo!

LALO *(Sobresaltado.)*—¿Qué pasa?

MARIO.—¡Maravilloso!

LALO.—Pero, ¿qué es?

MARIO *(Solemne.)*—¡Un «cérceris tuberculata»!

LALO.—Acabáramos. *(Acercándose más tranquilo.)* ¿Conque este bicho es un «cérceris tuberculata»? Nadie lo diría, ¿eh?; tan pequeño...

MARIO.—Un ejemplar maravilloso... Es el más terrible cazador del mundo animal. Tiene en el aguijón un veneno misterioso que deja a sus víctimas vivas, pero inmóviles, como hipnotizadas. Y así las va almacenando en su cueva, para que sus hijos tengan toda la temporada carne inde-fensa y fresca.

LALO.—Buen padre de familia.

MARIO.—Madre: es un cérceris hembra. Los machos

on la mitad de pequeños y menos interesantes. No cazan
i construyen; se limitan a fecundar a las hembras y no
oman parte en ningún otro trabajo.

LALO.—¿Ves tú? Eso no está bien. Las cosas, como
on.

MARIO.—Es una reina de leyenda. Mirad qué maravi-
osa armadura: la coraza anillada de verde acero; los
uanteles de los artejos; los élitros, de cobre y oro; los
jos como dos poliedros de cristal...

LALO *(Interesado.)*—A ver, a ver. *(Toma el insecto y lo
zira en todas direcciones. Lo devuelve defraudado.)* Hijo
nío, será todo lo reina de leyenda que tú quieras, pero yo
o veo ahí más que un coleóptero indecente.

MARIO.—¡Un coleóptero! ¿Has dicho un coleóptero?
'or Dios, Lalo; el céceris es un himenóptero.

LALO.—Ah, es un heminóptero. Pues da lo mismo: es
n himenóptero indecente.

MARIO *(Compasivo.)*—Pobres, no sabéis ver. Os pas-
náis como papanatas delante de los elefantes y las cate-
rales. En cambio, estas cosas minúsculas... No sabéis
er, no sabéis ver... *(Sale lentamente denegando con el
'edo.)*

LALO, RIVERA, AGUILAR Y FLORA, *que entra
con un periódico ilustrado*

FLORA.—¿Habéis visto los periódicos de hoy?

LALO.—¿Traen lo de San Carlos?

FLORA.—Lo que traen es un magnífico retrato de Na-
acha, con motivo de su doctorado.

RIVERA.—A ver. *(Abre el periódico. Los demás a su al-
ededor. Lee.)* «Natalia Valdés, alumna becaria de la Uni-
ersidad Central y primera mujer que alcanza en España
l doctorado en Ciencias Educativas.»

AGUILAR.—¡Bravo, Natacha! ¡Y qué guapa está!

RIVERA.—Esto hay que celebrarlo.

AGUILAR.—Y que va a ser esta misma tarde. Lalo pagará el champán, ¿verdad?

RIVERA.—¿Y las flores?

LALO.—También; todo lo que queráis. *(Aparte a Flora.)* Mario está en su laboratorio.

FLORA.—¿Sí?

LALO.—Y emocionadísimo con su regalo. Creo que es un caso de «tuberculata» que hace llorar; una reina de leyenda, con guanteletes y poliedros y el demonio. Vaya, vaya usted allá. *(Le hace un gesto de inteligencia. Flora sonríe y le estrecha la mano.)*

FLORA.—Gracias. *(Sale.)*

AGUILAR.—¿Has visto? Un verdadero triunfo para nuestro Club.

LALO.—Un triunfo, sí. Pero otra compañera que termina, que se nos va. ¿Habéis pensado en eso?

AGUILAR.—La mejor compañera.

RIVERA.—El alma del grupo.

LALO.—Vuestra Natacha..., de la cual estáis todos vagamente enamorados. ¿Verdad? *(Rivera baja la cabeza.)* ¿Verdad? *(Baja la cabeza Aguilar.)*

RIVERA.—¿Y tú, no?

LALO *(Con el mismo gesto.)*—Yo también.

RIVERA.—Ah, eso no lo habías confesado nunca.

LALO.—Esperaba que alguno de vosotros se decidiera. Pero en vista de que ninguno se lanza, y antes de que se nos vaya, yo cumpliré mi deber.

RIVERA.—¿Qué quieres decir? ¿Es que piensas hablarle?

LALO.—Esta misma tarde.

AGUILAR.—Pues no te auguro el menor éxito. Natacha es demasiado seria, entregada a su trabajo. No creo que le divierta pensar en otra cosa.

LALO.—No importa. En amor, como en todo, ¡es tan hermoso fracasar!

AGUILAR.—Ah, siendo así...

LALO.—El fracaso templa el ánimo; es un magnífico manantial de optimismo. Todo hombre inteligente debiera procurarse por lo menos un fracaso al mes.

RIVERA.—Pues no creo que sea nada difícil.

LALO.—Para los tontos, no; pero ésos no cuentan. Tan bello como es el papel de víctima, cuando se sabe llevar. El herido, el desterrado, el amante sin esperanza... ¿Que emprendes un viaje a Palestina? Conseguir que el barco naufrague en las Baleares. ¿Que le pides relaciones a una compañera? Conseguir que te diga que no... ¡Y dices tú que no es difícil!

RIVERA.—Eres admirable, Lalo; porque ahora estoy seguro de que hablas con toda tu alma.

LALO.—Ahí está mi hoja de estudios para demostrarlo... ¿Tú viste ayer mi examen de Medicina legal?

RIVERA.—Sí, no lo recuerdes. Fue espantoso.

LALO.—¿Verdad? Pero ¿qué iba yo a hacer? Era mi última asignatura; había que cuidarla. El profesor me miró al empezar ¡con unas ganas de aprobarme! Pero yo me defendí como un león. El hombre sudaba, se ponía pálido. Qué mal rato pasó el pobre. En fin, ya está: un año más de estudiante, y ya veremos luego. Ah, los que no sentís esta emoción del fracaso, no comprenderéis nunca la esencia del romanticismo.

DICHOS, NATACHA Y DON SANTIAGO

(Natacha viste con una gran sencillez, llena de elegancia. Tiene, hasta cuando ríe, una tristeza lejana y preocupada.)

RIVERA.—¡Natacha!

AGUILAR.—Querida doctora... ¡Don Santiago!...

LALO.—Enhorabuena, señor Rector.

DON SANTIAGO.—Gracias. A ella, a ella...

RIVERA.—¿Cómo no nos habías dicho nada?

NATACHA.—Me parecía una cosa tan natural. ¿Y vos otros?

RIVERA.—Todavía no se sabe. Somolinos traerá la notas.

NATACHA.—¿Buen ánimo?

RIVERA.—No falta.

NATACHA.—¿Usted, Lalo?

LALO.—¿Yo? Bien también; grandes esperanzas.

NATACHA.—Es el nuevo compañero, tío Santiago. L conocimos en la Universidad de Verano de Santander; se ha unido a nuestro grupo para organizar el Teatro am bulante. Lalo Figueras.

DON SANTIAGO.—Lalo Figueras... ¿Usted es el he rido de ayer?

LALO.—Ya no.

DON SANTIAGO.—Vaya, menos mal. Pero, cuidad con esa sangre, muchacho.

LALO.—Le juro a usted que yo estaba en el público.

DICHOS, FLORA Y MARIO

MARIO.—¡Señor Rector! *(Se saludan cordialmente Flora abraza a Natacha.)* Con toda el alma, Natacha.

NATACHA.—Gracias, Mario.

DON SANTIAGO.—Otra que termina. Ya son ustede dos.

MARIO.—Oh, no; yo estoy empezando siempre.

DON SANTIAGO.—¿Qué tal va esa tesis nupcial?

MARIO.—Despacio; faltan materiales.

RIVERA.—Mario descansará ahora una temporada. De jará en paz a sus insectos y formará parte de nuestr Teatro.

DON SANTIAGO.—Teatro trashumante; de pueblo er pueblo...

LALO.—Y para las cárceles, para los asilos. Llevaremo

omances y canciones, farsas poéticas, teatro de Lope y
Calderón.

DON SANTIAGO.—Y sobre todo, vuestra alegría, que
erá lo mejor del repertorio.

AGUILAR.—Este verano mismo haremos la primera
alida.

LALO.—Iremos al Reformatorio de las Damas Azules.

NATACHA *(Sobrecogida.)*—¿Al Reformatorio de las
Damas Azules? ¡No!

LALO *(Sorprendido de la extraña reacción.)*—¿Por qué
no?

FLORA.—¿Te ocurre algo?

NATACHA *(Rehaciéndose.)*—No, nada... No sé qué
estaba pensando.

DON SANTIAGO.—Un poco de nervios. Anoche no ha
dormido.

FLORA.—¿Tú impresionada, Natacha? Vamos, vamos...

RIVERA.—A ver, sonríete un poquito... Así, gracias.

AGUILAR.—¿Nos aceptarás un pequeño homenaje?

RIVERA.—Aquí mismo. Verás qué pronto se te pasa
eso.

LALO.—Unas flores, un poco de espuma...

AGUILAR.—En seguida volvemos. *(Sale delante con
Rivera.)*

LALO.—Todos; tú también, molusco. Y usted, Flora.
(Salen Mario y Flora. Lalo detrás.) La Flora y la fauna...

NATACHA Y DON SANTIAGO

*(Natacha se sienta pensativa. Don Santiago acude a su lado
cuando han salido todos.)*

DON SANTIAGO.—¡Natacha!

NATACHA.—Nada, tío Santiago. Ha sido un mal recuerdo.

DON SANTIAGO.—Ese muchacho no podía sospechar siquiera...

NATACHA.—Después de todo, ¿por qué callar siempre? ¿Por qué ocultarlo como una vergüenza?

DON SANTIAGO.—No lo hago yo por eso. Pero sé que te duele recordarlo.

NATACHA.—¡El Reformatorio de las Damas Azules! Mis últimos años de niña...

DON SANTIAGO.—Ea, no pienses en ello.

NATACHA.—No se me borraban de la imaginación mientras escribía la tesis de mi doctorado. Era aquello lo que pintaba, lo que combatía con toda mi alma.

DON SANTIAGO.—Todos los Reformatorios son tristes.

NATACHA.—¿Y por qué? Convierten en cárceles lo que debieran ser hogares de educación. Y allí van a enterrarse, en una disciplina de rejas y de silencio, los rebeldes, los pequeños delincuentes. Los que más necesitan, para redimirse, un amor y una casa.

DON SANTIAGO.—Un mal sueño. Olvídalo.

NATACHA.—No puedo. He podido acostumbrarme a no hablar de ello. Pero olvidarlo... Es un resquemor de injusticia que queda para siempre... ¿Qué delito había cometido yo para que me encerraran allí? El estar sola en el mundo, el ser una «peligrosa rebelde», como decían, y el haberme escapado de casa de unos tutores desaprensivos, que no veían en mí más que un estorbo.

DON SANTIAGO.—No les guardes rencor. Ellos tenían de la educación una idea equivocada, pero seguramente sincera.

NATACHA.—Decían que allí me meterían en cintura. Y para esa hazaña de meter en cintura a un niño, mezclaban mis catorce años locos de ilusiones con pequeñas ladronas, con desequilibradas y morbosas sexuales. Y así tres años inacabables: rigidez, silencio, castigos de aislamiento absoluto por las faltas más pueriles... Hasta el día en que se le ocurrió a usted visitar aquella casa. *(Cogiéndole las manos.)* Cuánto le debo, Don Santiago.

DON SANTIAGO.—Yo a ti, Natacha. Vivía demasiado solo. Darte una vida nueva, hacer de aquella jovenzuela alocada toda una mujer, fue para mí la emoción de padre que no había sentido hasta entonces.

NATACHA.—Nunca se lo pagaré bastante.

DON SANTIAGO.—¿Pagar? Ni siquiera en lo material me debes nada; has sido mi ayudante, mi traductora, hasta mi enfermera. Seguramente en nuestra vida hay un buen saldo a tu favor. Lo que sí quiero pedirte es que, ahora que ya puedes volar libremente... no vueles muy lejos de mí. Y sobre todo, no me niegues nunca ese título familiar, que me recuerda tantas horas tuyas...

NATACHA *(Abrazándole.)*—¡Tío Santiago!...

DON SANTIAGO.—Así: tío Santiago... *(Transición.)* Vienen... Tienes lágrimas, Natacha. Que no te vean así. *(Sale Natacha al jardín. Entran Mario y Lalo, con flores y champán.)*

DON SANTIAGO, LALO Y MARIO

DON SANTIAGO.—¿Ya de regreso?

MARIO.—¿Salía usted?

DON SANTIAGO.—Un momento, a Secretaría. Cuando estén los demás volveré por aquí. Tengo una buena noticia para todos.

LALO.—¿Del viaje de estudios?

DON SANTIAGO.—Acaso... No desvelemos todavía el secreto. Hasta luego. *(Sale.)*

LALO *(Mientras van dejando sus cosas.)*—Gran hombre don Santiago.

MARIO.—Un compañero más. Si no fuera por los años, nunca se hubiera sabido en nuestras excursiones quién era el Rector y quiénes los alumnos.

189

LALO.—Ah, un buen profesor debe parecerse lo más posible a un mal estudiante. ¿Has visto? La idea de nuestro Teatro parece que le ha gustado.

MARIO.—¡También a mí! Es muy interesante.

LALO.—Tú podrías ayudarme en eso. Estoy componiendo, para la presentación, una farsa animalista.

MARIO.—¿Una fábula? No me gusta; las fábulas de animales nunca se ajustan a la verdad. Desde el punto de vista científico, todo La Fontaine es un disparate.

LALO.—Pero es que el punto de vista científico es muy aburrido, Mario. Verás: lo mío es una escenificación de una balada de Heine. Ocurre en Roncesvalles, y hay un oso que canta una canción triste.

MARIO.—Pero, Lalo, ¿un plantígrado cantando?

LALO.—Sí, señor, un plantígrado. Y si no fuera porque la cosa ocurre en Roncesvalles ponía un cocodrilo. ¿Qué pasa?

MARIO.—No, no, nada… ¿Y qué es lo que puedo hacer yo?

LALO.—Pues eso, que me falta la canción. Tú, que eres un hombre triste, ¿no conoces alguna?

MARIO.—Huy, canciones…

LALO.—Alguna cosa sentimental, de pandero…

MARIO.—No sé… Yo cantaba, de pequeño, algunos trozos de Parsifal.

LALO.—No, por Dios. Algo popular.

MARIO.—Popular, popular… Espera, también tengo una. Me la enseñaron en la Sierra los de Filosofía y Letras. Pero es muy triste.

LALO.—Mejor.

MARIO.—Además, creo que no canto nada bien.

LALO.—No importa; adelante.

MARIO.—Es una cosa de amores contrariados…

LALO.—Venga.

MARIO.—Dice así: (*Canta con una profunda seriedad desvencijada*):

«Amaba yo
a una niña de quince años,
bella flor,
pero la infiel
se burlaba ¡pumba!
de mi amor;
    ¡zas!»

¿Te gusta?

LALO.—Mario. *(Aterrado.)* ¡Mario!

MARIO.—Muy triste, ¿verdad? Y sigue:

«Yo cuando vi
que su amor era mentira
y falsedad
la desprecié
y no la he vuelto ¡pumba!
a mirar más;
    ¡zas!»

LALO.—¡Mario de mi alma!

MARIO.—A dos voces suena mejor.

LALO *(Abrazándole.)*—¡Pero eso es magnífico!

MARIO.—¿Verdad?

LALO.—Un verdadero hallazgo. ¡Es la cosa más estúpida que he oído en mi vida!

MARIO.—¿Estúpida? *(Lalo ríe con toda su alma.)* Bien está. *(Inicia el mutis. Se detiene.)* Ya sé yo que no canto bien; por eso no me ofendo. Ya ves: tú te ríes, y yo te perdono... Pero como pongas un cocodrilo, no trabajo. *(Sale.)*

LALO *(Ríe de nuevo y trata de retener la canción):*

«Amaba yo
a una niña de quince años,
bella flor...»

191

(Pasa Natacha, que va a salir en la dirección de Mario. Lalo corta su canción.)

NATACHA Y LALO

LALO.—¿Tiene usted algo que hacer ahora, Natacha?

NATACHA.—No muy importante.

LALO.—¿Está usted sola?

NATACHA.—Sola con usted. ¿Por qué?

LALO.—Si no le estorbo mucho... tengo algo que decirle.

NATACHA.—Diga.

LALO *(Vacila.)*—¿Quiere usted sentarse?

NATACHA.—¿Es muy necesario?

LALO.—Por lo menos puede ser útil.

NATACHA.—Siendo así... *(Se sienta.)* Usted dirá.

LALO *(Vacila nuevamente.)* Hace una temperatura deliciosa, ¿verdad?

NATACHA *(Seria.)*—Veintidós grados a la sombra.

LALO.—¿Veintidós? ¡Hola! *(Pausa.)*

NATACHA.—¿Eso era todo?

LALO.—Espere, no se levante... ¡Natacha!...

NATACHA.—¿Le ocurre algo, Lalo?

LALO.—Es que... ¡No sé qué rodeo buscar para decirle a usted que la quiero con toda mi alma! *(Respira.)* Ya está.

NATACHA *(Le mira fijamente. Sonríe.)*—Lo esperaba.

LALO.—¿Sí?

NATACHA.—De usted puede esperarse siempre cualquier disparate.

LALO.—Yo le juro a usted...

NATACHA.—No, no, no jure nada. *(Amigablemente.)* ¿Por qué es usted así, Lalo?

LALO.—¿Así?... ¿Cómo?...

NATACHA.—Así: irreflexivo, volcado siempre hacia fuera como un chiquillo, y con una intrépida frivolidad. Usted siente el deber varonil de hacer el amor a sus compaeras. Y me ha preparado esta escena con la esperanza de ue yo no le haría mucho caso, pero en el fondo se lo gradecería. ¿Es así?

LALO *(Buscando otro frente.)* —Calma, calma, va usted emasiado de prisa. Lo que yo quería decirle es mucho ías sencillo; y sobre todo, más concreto. ¿Me permite sted volver a empezar?

NATACHA. —Empiece.

LALO. —¡Natacha!

NATACHA. —...la quiero a usted con toda mi alma.

LALO. —No. *(Le mira ella sorprendida.)* Confieso que ntes me he excedido. ¿Me deja usted seguir solo? Nata- ha: yo sospecho que estoy empezando a interesarme por sted seriamente. Usted me mira con cierta curiosidad, ero en el fondo me desprecia. No ha visto en mí más que l tipo de estudiantón viejo estilo: divertido, generoso de í mismo, inteligente muchas veces, a pesar de los libros de exto, pero irremediablemente inútil. Y yo vengo a de- irle: quizá no me conoce usted bien. ¿Quiere usted onocerme, Natacha?

NATACHA. —Ah, eso es mucho más razonable.

LALO. —Yo prometo no mentirle en nada. No trataré le ocultarle ni uno solo de los defectos ni de las virtudes ue me conozco.

NATACHA *(Despistada.)* —Pero, ¿está usted hablando n serio?

LALO. —Perfectamente en serio. Veamos, primero, el specto físico de la cuestión. Datos concretos: he aquí mi icha. *(Saca una cartulina del bolsillo y lee.)* «Lalo Figue- as. Estudiante de Medicina. Treinta años. Herido tres eces en San Carlos. Talla: uno setenta. Perímetro torá- ico: noventa y ocho. Campeón de esquí en Peñalara. Reacción Wassermann, negativa. No ha tenido ninguna nfermedad fuera de la infancia, ni acusa el menor antece- lente morboso. Metabolismo normal. Temperamento anguíneo. No habla alemán.» ¿Qué tal?

NATACHA.—Interesante. ¿Eso de no hablar alemán, e
también una virtud?

LALO.—En mí, sí. He tenido una novia alemana. Er
guapísima, pero completamente tonta. Y para conserva
la ilusión juré no aprender jamás ese idioma.

NATACHA.—Muy delicado por su parte. De todo
modos... en una declaración de amor podía haberse aho
rrado ese dato.

LALO.—No podía. Le he prometido antes que le
mismo que mis virtudes, le confesaría mis defectos. Le
confieso: he tenido una novia alemana. No lo haré más

NATACHA.—Bien. ¿Ha terminado ya?

LALO.—En el aspecto animal, sí. Reconozca usted
que, por lo menos desde el punto de vista eugenésico, n
estoy del todo mal. En cuanto al espíritu... soy un
romántico.

NATACHA.—No me gusta nada el romanticismo. Es l
tristeza organizada como espectáculo público: llanto
desmelenados, venenos, adulterios y músicos tuberculo
sos. No me gusta.

LALO.—Qué le vamos a hacer; me falló esa rueda. Er
cuanto a lo social, soy individualista y robinsoniano
Puedo bastarme a mí mismo en una isla desierta.

NATACHA.—Tampoco me gusta. Es una idea educa
tiva de la Revolución francesa. Ya está mandada retirar es
teoría.

LALO.—Ah, pero es que en mí no es una teoría: es un
hecho. Yo, aparte un poco de Medicina, sé cazar y pescar
cultivar el maíz, fabricar cestos de mimbre...

NATACHA.—Enhorabuena; con muy poco más serí
usted un salvaje perfecto. *(Se levanta.)* ¿Y quiere que no
dejemos ya de ingeniosidades? Hablemos lealmente. Us
ted no siente por mí el amor que se imagina. Yo por usted
tampoco; la verdad, ante todo. De quien está usted verda
deramente enamorado es de sí mismo. Pero se equivoc
mucho si piensa que le desprecio. Usted podrá ser un

fuerza desorientada; pero es una fuerza. ¿Por qué no le busca un cauce social a esa alegría, a esa fe en la vida que le desborda siempre? ¡Podría hacer tanto bien! Usted sería un magnífico profesor de optimismo.

LALO *(Ante una revelación.)*—¿Profesor de optimismo? ¡Gran idea! Pero, ¿cómo no se me había ocurrido a mí eso?

NATACHA.—Renuncie usted a su carrera. ¿Qué ganaría el mundo con tener un mal médico más? Aprenda en cambio, si todavía no sabe, a tocar la guitarra, a contar cuentos y sueños. Vaya a buscar a los pobres, a los enfermos, a los trabajadores que se nos mueren de tristeza en las eras de Castilla. Y repártase entre ellos generosamente. Lléveles esa alegría, enséñeles a reír, a cantar contra el viento y contra el sol. Y entonces sí, entonces será usted el mejor de mis amigos. *(Estrechándole la mano.)* ¡Con toda el alma! Adiós, Lalo. *(Sale.)*

LALO *(La mira ir. Le desborda una alegría sincera, llena de admiración.)*—¡Qué mujer! Las eras de Castilla…, cantar contra el viento y contra el sol… ¡Qué mujer!

> *(Entra Sandoval, médico viejo, encogido y pulcro. Cartera de documentos al brazo.)*

SANDOVAL.—Perdone… ¿La señorita Natalia Valdés?

LALO.—¿Natacha?

SANDOVAL.—No sé, quizás.

LALO.—¡Extraordinaria mujer! Hablemos de ella, querido hablemos de ella.

SANDOVAL.—Permítame que me presente: Félix Sandoval, médico y secretario del Reformatorio de las Damas Azules.

LALO.—Mucho gusto. Lalo Figueras, estudiante de Medicina; profesor de optimismo de la casa.

SANDOVAL.—¿Profesor de optimismo?

LALO.—Acaban de nombrarme. Veintiuno de junio. Día de plenitud. Señalémoslo con piedra blanca, mi querido don Félix. *(Se pone una flor en el ojal.)* ¡Mire qué hermosa luz de poniente! ¡A estas horas se habrá firmado ya mi suspenso en Medicina Legal!

SANDOVAL.—Usted perdone... ¿Es en la Residencia de Estudiantes donde estoy?

LALO.—En la Residencia es. El día del solsticio de estío; con veintidós grados a la sombra, en una habitación llena de flores... ¿Le pongo una? *(Lo hace mientras sigue hablando.)* ¡Y para hablarme de Natacha! ¡Oh, Natacha es la mujer más encantadora de la tierra! ¡Si viera usted qué calabazas acaba de darme!

SANDOVAL *(Inquieto.)*—¿Sí?... Je, je...

LALO.—¡Y con qué sinceridad! ¡Con qué compañerismo! ¡Ah! Ella me ha abierto los ojos; yo no sabía que la gente se estaba muriendo a montones en las eras de Castilla. Hay que evitar eso a todo trance... ¿Usted sabe tocar la guitarra?

SANDOVAL *(Francamente amedrentado.)*—¿La guitarra?... No... Todavía no... Pero aprenderé, aprenderé... Buenas tardes. *(Sale.)*

LALO.—Adiós, don Félix. Simpático don Félix. Adiós. *(Canta):*

> «Pero la infiel
> se burlaba ¡pumba!
> de mi amor;
> ¡zas!»

(Entran Flora, Rivera, y Aguilar. En seguida, don Santiago. Traen más chucherías, flores y botellas.)

LALO, FLORA, RIVERA, AGUILAR,
DON SANTIAGO. *Luego* NATACHA Y MARIO

LALO.—Pase Nuestra Señora de los Ramos Verdes. Pasen los esclavos nubios con los cántaros de hidromiel. ¿Don Santiago?...

FLORA.—Ahí viene también.

LALO *(Llama.)*—¡Natacha!… ¡Mario!…

AGUILAR *(A Rivera.)*—¿Qué le pasa a éste?

RIVERA.—O ha recibido el suspenso, o le ha dado calabazas Natacha. *(Entran Natacha y Mario. Don Santiago por el lado opuesto.)*

LALO.—El señor Rector nos tiene prometida una buena noticia. Helo ahí.

DON SANTIAGO.—En efecto: una gran noticia para todos vosotros, y para la Universidad. *(Expectación.)* Nuestro viaje de estudios por el Mediterráneo ha sido acordado ya. Dentro de ocho días zarparemos en el «Ciudad de Cádiz».

VOCES.—¡Hurra don Santiago!

RIVERA.—¿Quiénes van por fin?

DON SANTIAGO.—Irán representaciones de las distintas Facultades. Por lo que se refiere a vuestro grupo, vais todos. *(Exclamaciones de alegría. Empiezan a descorcharse las botellas.)*

FLORA.—Un crucero de dos meses. ¡Juntos!

LALO.—El barco es magnífico. A lo mejor, hasta naufragamos.

FLORA.—¡Tocaremos en Atenas!

RIVERA.—¡Llegaremos al Mar Rojo!

LALO.—Y veremos Egipto, Mario. Para mí, las pirámides; para ti, el escarabajo sagrado.

AGUILAR.—Brindemos, don Santiago.

DON SANTIAGO.—Vosotros, vosotros. Yo no puedo ya beber nada. Ni quiero enturbiar vuestra alegría con mis años.

MARIO *(Levanta la copa.)*—Estudiantes: por nuestro Rector…, el más viejo y el más querido de nuestros compañeros.

DON SANTIAGO.—Gracias, gracias. *(Sale mientras brinda Lalo.)*

LALO.—Por nuestro Rector, que ha organizado este

maravilloso crucero; que ha elegido un espléndido barco, lo embreó bien de ilusiones por dentro y por fuera y metió dentro un par de estudiantes de cada especie. *(Risas.)*

RIVERA.—Brindemos por la compañera que hoy se nos va. ¡Que la doctora Natalia Valdés siga siendo siempre nuestra Natacha!

TODOS.—¡Nuestra Natacha!

NATACHA.—Por la nueva estudiantina española; por esa alegría fecunda, que es el mejor tesoro de nuestra Universidad.

LALO.—¡Muy bien! ¡Que hable Mario!

MARIO.—Yo no sé hablar.

LALO.—No importa; que hable.

TODOS.—¡Que hable, que hable! *(Le obligan a subir a una silla.)*

MARIO.—Compañeros. *(Silencio.)* Yo no soy buen orador...

VOCES.—Muy bien, muy bien.

MARIO.—Gracias. No soy orador, ni poeta...

VOCES.—¡Muy bien!

MARIO.—Pero, ¿quién no se siente poeta y orador ante ese viejo mar que nos aguarda? Saludemos en el mar latino el primer camino de nuestra civilización. Recordemos que por ese mar, cuando éramos un simple país de conejos y de iberos desnudos, vinieron los fenicios, que nos trajeron el alfabeto, que nos trajeron la moneda...

LALO.—Y que les enseñaron a los ingleses a explotar nuestras minas.

TODOS.—¡Muy bien! ¡Bravo!

MARIO.—Yo te saludo, con toda la emoción y la gracia de mi raza: mar azul de Afrodita, mar aventurero de Ulises, «Mare Nostrum».

LALO.—Amén. *(Aplausos.)* Compañeros: un poliestornudo en honor del mar latino. *(Señalando tres grupos.)* ¡Austria! ¡Rusia! ¡Prusia! *(Dice cada grupo uno de estos nombres, de modo que se oiga una especie de estornudo colectivo.)*

RIVERA.—Y ahora, entonemos nuestro Gaudeamus estudiantil. *(Cantan a coro levantando las copas):*

«Gaudeamus igitur
iúvenes dum sumus...»

DICHOS Y SOMOLINOS, *que aparece en la puerta*

SOMOLINOS.—¡Alto! ¡Alto ahí! *(Se hace el silencio.)* ¡Las notas! *(Expectación. Voces.)*

VOCES.—¡Di pronto! ¿Están las mías? ¡Dame!

SOMOLINOS.—Calma; no os echéis encima. ¡Todos bien! *(Repartiéndolas.)* Flora Durán: enhorabuena. Miguel Rivera: arriba siempre. Luis Aguilar: bravo Luis...

AGUILAR.—¿Y tú?

SOMOLINOS.—¡Como nunca! *(Hay abrazos y exclamaciones consiguientes.)*

LALO *(Que ha quedado aparte en silencio.)*—¿Y para mí? ¿No traes noticias?...

SOMOLINOS.—Para ti... malas.

LALO *(Adoptando su bello papel de víctima.)*—Di, sin miedo. Soy fuerte. Suspenso, ¿verdad? *(Somolinos deniega con la cabeza tristemente.)* ¿No?

SOMOLINOS.—Aprobado también.

LALO.—¡Imposible! *(Coge su papeleta con un gesto trágico. Lee sin dar crédito a sus ojos.)* Lalo Figueras... Medicina legal... a-pro-ba-do. *(Amargo.)* ¡Así se hace justicia en España!

MARIO *(Se lleva un dedo a los labios.)*—Respetemos su dolor.

RIVERA.—Resignación, Lalo.

(Flora y Aguilar le dan la mano con una leve caricatura de duelo y desfilan todos de puntillas. Lalo se deja caer anonadado en un asiento, rumiando su nota. Pausa. Vuelve Sandoval.)

LALO Y SANDOVAL

SANDOVAL. — ¿Se puede?

LALO *(Con voz desmayada.)* — Adelante.

SANDOVAL. — Perdón. La señorita Natalia... *(Se detiene al reconocerle.)*

LALO. — La señorita Natalia Valdés. Le pasaré recado en seguida. ¿Tiene la amabilidad de sentarse un momento, señor Sandoval? *(Se quita, deshojándola, su flor.)*

SANDOVAL. — Usted perdone... ¿Es usted el mismo muchacho que estaba aquí hace un momento?

LALO. — El mismo.

SANDOVAL. — Entonces... no comprendo.

LALO. — ¡Ay! Hace un momento yo era un estudiante. ¡Un estudiante, señor! Ahora soy un animal jurídico responsable. *(Muestra su papeleta.)* Usted es médico también, ¿no?

SANDOVAL. — También.

LALO *(Le estrecha la mano en silencio compasivo y le quita también su flor.)* — Entorne usted así los ojos. Mire al porvenir: clavículas rotas, fiebres tercianas, partos atroces... Y yo por esos caminos, en una mula, con un paraguas rojo... *(Cierra los ojos.)* ¿Quiere usted beber conmigo la última copa? *(Le sirve y levanta la suya lúgubremente.)* Vanidad de vanidades y todo vanidad... *(Rompe su copa y sale.)*

SANDOVAL *(Sinceramente aturdido.)* — ¡Profesor de optimismo! *(Bebe y se sienta a esperar. Entra Natacha.)*

NATACHA Y SANDOVAL

SANDOVAL. —¿Señorita Valdés? Félix Sandoval, secretario de las Damas Azules.

NATACHA. —¿Del Reformatorio? Mucho gusto.

SANDOVAL. —Ante todo, mi más cumplida enhorabuena. Ha sido el suyo un triunfo rotundo y justísimo.

NATACHA. —Gracias, señor Sandoval.

SANDOVAL. —Su tesis sobre «Los Tribunales de menores y la educación en las Casas de Reforma», nos ha causado una profunda impresión. Nosotros quisiéramos que nuestro Reformatorio para pequeños delincuentes y rebeldes, fuera una institución modelo, como las que usted sueña.

NATACHA. —Usted me dirá en qué puedo ayudarles.

SANDOVAL. —Pronto está dicho. Nuestro Reformatorio viene viviendo en un régimen de internidad; con la mejor voluntad por parte de todos, pero sin el personal técnico que los tiempos imponen. Y el Patronato ha pensado en usted.

NATACHA. —¿En mí?

SANDOVAL. —¿Nos haría usted el honor de aceptar la dirección del Reformatorio?

NATACHA. —¡Yo! ¿Pero el Patronato me conoce? ¿Saben que yo?...

SANDOVAL. —El Patronato sabe solamente que es usted la primera doctora en Educación de nuestro país. Conoce sus trabajos sobre la materia. Y la Universidad nos ha facilitado las mejores referencias.

NATACHA. —No es posible esto...

SANDOVAL. —¿Conoce usted el Reformatorio?

NATACHA. —Sí..., hace años. Demasiado triste.

SANDOVAL. —Ha mejorado mucho desde entonces. Se ha levantado un nuevo pabellón, hemos abierto un campo de juegos...

NATACHA.—¿Qué condiciones me ofrece el Patronato?

SANDOVAL.—Las que usted señale. Aquí traigo una hoja a su nombre. El sueldo está en blanco.

NATACHA.—No se trata de eso. Pongamos el mínimo que hayan tenido las directoras anteriores. Lo que yo necesitaría es contar con una plena libertad de iniciativa en cuanto al régimen interior. Nunca aceptaría dar un solo paso en contra de mis convicciones.

SANDOVAL.—Desde luego; usted tendría íntegramente la dirección técnica de la Casa. El Patronato se reserva solamente la representación legal y la tutela administrativa... En fin; usted se toma el tiempo que necesite para reflexionar.

NATACHA.—No es preciso. Aceptado, señor Sandoval.

SANDOVAL.—Gracias, señorita Valdés. Esté segura de que el Patronato acogerá su decisión con la más sincera alegría. ¿Quiere usted firmar? Aquí. *(Firma Natacha.)* ¿Desde cuándo podemos contar con usted?

NATACHA.—Desde mañana mismo.

SANDOVAL.—Perfectamente. Pasaré a recogerla con la señora Presidenta. Gracias, siempre.

NATACHA.—Hasta mañana. *(Sale Sandoval. Natacha, sola, apenas puede dominar su emoción.)* ¡Al Reformatorio otra vez! Pero ahora, ¡a derribar las rejas, a inundarlo de luz y de vida! *(Llama.)* ¡Flora! ¡Lalo! ¡Mario! *(Van entrando todos.)*

NATACHA Y LOS ESTUDIANTES

NATACHA.—¡Ahora sí que puedo brindar y reír con vosotros! Al fin voy a trabajar, a ser útil. Pero no me abandonéis. Ahora, más que nunca, necesito esa alegría vuestra. Hay toda una juventud, enferma y triste, a la que nosotros podemos redimir. ¡Arriba ese corazón! Lalo, maestro de alegría. Vivir es trabajar para el mundo. ¿Qué importa lo que queda atrás? ¡La vida empieza todos los días!

LALO *(Contagiado de su entusiasmo.)*—¡Sí, Natacha! ¡Vivir! ¿Quién dijo ideas negras? Brindemos, amigos: a trabajar, a ser útiles al mundo. *(Levanta su copa.)* ¡Mañana mismo me matriculo en Filosofía y Letras!

Telón

ACTO SEGUNDO

CUADRO PRIMERO

En el Reformatorio de las Damas Azules. Vestíbulo con acceso del exterior a un lado, y al otro comunicación con el resto del edificio. Al fondo, en terraza escalonada, más alta que el resto de la escena, una pérgola de rosal o enredadera. La terraza dará salidas laterales al jardín. Tendrá tres arcos, más amplio el del centro, el cual, cerrado después con unas cortinas, servirá en el cuadro tercero para la representación de la «Balada de Atta Troll».

En la escena, una mesa y ficheros de trabajo. En la terraza, una pizarra escolar de trípode, barnizada de verde mate.

En escena, la profesora, Srta. Crespo; Fina, Encarna, María y varias educandas más de quince a dieciocho años.

Visten tristes uniformes oscuros o color ceniza, largos, muy cerrados, y cinturón azul; el pelo, recogido, sin el menor adorno. La profesora, seca, rígida, autoritaria, pero de ningún modo ridícula. Están ensayando una pequeña ceremonia de recepción.

SEÑORITA CRESPO.—No, no así no. Usted debe adelantarse, humilde y sonriente. El ramo en la izquierda; la falda, recogida un poco con la derecha. Se hace la reverencia. Primero a la Presidenta. ¡Señora Marquesa! Y luego a ella: ¡Señora Directora! Etcétera, etcétera. A ver; sin el ramo. (*Encarna se adelanta, hace con gran desparpajo los movimientos indicados y contiene una carcajada.*) ¡Silencio! ¿A qué viene esa risa estúpida?

ENCARNA.—Si son ellas las que empiezan.

SEÑORITA CRESPO.—No quiero oír una risa más. *(Mira secamente a todas.)* A ver.

ENCARNA.—¡Señora Marquesa! Señora Directora. Aceptad estas pobres flores que han regado nuestras manos. Que ellas os digan lo que nuestra emoción…

(Nueva risa.)

SEÑORITA CRESPO.—¡Señorita Méndez!

ENCARNA *(Conteniéndose a duras penas.)*—Lo que nuestra emoción en día tan feliz para el Reformatorio, no nos permite expresar con palabras.

SEÑORITA CRESPO.—En fin…, puede pasar. Luego se entrega el ramo, y se besa la mano, cogiéndola así. *(Coge la de Encarna y la mira con espanto.)* ¡Cómo! ¿Se ha pintado usted las uñas? ¡Qué vergüenza! ¿Y pensaba usted entregar el ramo así? Retírese a la fila. Manos atrás. *(Aparece un momento el Conserje para avisar oficiosamente.)*

CONSERJE.—Prevenida, señorita Crespo. Ya llegan. *(Sale de nuevo.)*

SEÑORITA CRESPO.—¿Hay alguna otra que lo sepa? ¡Pronto!

FINA *(Levantando la mano.)*—Si usted quiere…

SEÑORITA CRESPO.—¿Usted? Vaya, a última hora, la más torpe. En fin… *(Le da el ramo y se pone delante.)* Quítele el papel… Diga: sí, señora Directora; no, señora Directora… Al besar la mano se dobla la rodilla… ¡Fila!…

(Dichas, Señora Marquesa, Natacha y Sandoval, que entran precedidos del Conserje.)

MARQUESA—… y éste, que es el nuevo pabellón, ocupado por las educandas más antiguas. *(Presenta.)* La Profesora, señorita Crespo. Doña Natalia Valdés, la nueva Directora.

SEÑORITA CRESPO.—Mis respetos, señora Directora.

NATACHA.—Gracias.

205

SEÑORITA CRESPO.—Las educandas desean hacerle presente su saludo. *(Hace una indicación a Fina, que se adelanta en la forma ensayada. Habla de corrido, con un tonillo nervioso y triste.)*

FINA.—Señora Marquesa, señora Directora, aceptad estas pobres flores que han regado nuestras manos. Que ellas os digan lo que nuestra emoción… nuestra emoción… nuestra emoción… *(Risa contenida de Encarna.)*

NATACHA *(Cortando cariñosamente la vacilación.)*—Gracias, pequeña. Gracias a todas. *(Al ver que hace ademán de besarle la mano):* ¿Qué vas a hacer? ¡Niña! La mano se estrecha: así. ¿Quieres una flor?

FINA *(Indecisa, mirando a la profesora.)*—¿La cojo?

NATACHA.—Si te gusta, ¿por qué no? Toma. Estás muy nerviosa, pequeña. Vuelve, vuelve a tu sitio.

MARQUESA *(Al grupo.)*—¿Qué dicen mis educandas? ¿Estáis contentas aquí?

TODAS *(A coro.)*—Sí, señora Marquesa.

MARQUESA.—Cuando os veáis otra vez en el mundo, ¿tendréis la energía necesaria para no caer nuevamente en el delito?

CORO.—Sí, señora Marquesa.

MARQUESA *(A Natacha.)*—Estas mayorcitas son muy juiciosas. Nunca tenemos la menor queja de este pabellón.

SANDOVAL.—Son tres años de permanencia. El buen espíritu de estas muchachas es el mejor elogio de su profesorado.

SEÑORITA CRESPO.—Gracias, señor Secretario.

MARQUESA.—Vuestra nueva Directora quiere ser para vosotras una madre y una compañera más. Ayudadla con vuestro cariño y con vuestra obediencia.

CORO.—Así lo prometemos.

MARQUESA.—Señorita Valdés: ha tomado usted posesión de su cargo. En nombre del Patronato, bienvenida a nuestra casa. *(Le estrecha la mano.)* Adiós, muchachas; hasta pronto.

Coro.—Adiós, señora Marquesa.

Marquesa *(Excusando que la acompañe.)*—Oh, no se moleste.

Natacha.—¡No faltaba más!

(Salen Marquesa, Natacha y Sandoval. Delante el Conserje. La señorita Crespo, hasta la puerta. Las educandas aprovechan el momento para trabar su corro de comentarios.)

Encarna.—¡Qué joven es!

Fina.—¡Y qué guapa!

Encarna.—Pero tiene una muela de oro, ¿no os habéis fijado? Y lleva las uñas pintadas. *(Con orgullo.)* ¡Como yo! *(Risas.)*

Señorita Crespo *(Volviendo.)*—¡Silencio!

Encarna.—¿Ha visto usted? También la Directora se pinta las uñas.

Señorita Crespo.—Silencio he dicho. La Directora es la Directora. Allá cada cual con su conciencia. ¡Fila! *(Vuelve Natacha.)*

Profesora, Educandas y Natacha

Natacha.—Y bien: ya estamos juntas, amigas. ¿Por qué estáis tan serias, en fila? Vamos, acercaos acá. ¿Cómo te llamas tú?

Fina.—Josefina López Piñero, servidora.

Natacha.—Pero no lo digas con ese tonillo, mujer. Josefina López. ¿Pepita?

Fina.—Me llaman Fina.

Natacha.—¿Y qué te gustaría a ti ser, Fina?

Fina.—¿A mí...?

Natacha.—Si fueras completamente libre, si pudieras hacer lo que quisieras, ¿qué harías?

Fina *(Después de una vacilación sonriente.)* Cuidar gallinas y conejos. *(Encarna contiene su risa.)*

SEÑORITA CRESPO.—¡Señorita Méndez!

FINA.—Las conejas paren siete crías todos los meses. ¡Ochenta y cuatro hijos al año, señorita!

SEÑORITA CRESPO.—¡Señorita López! ¿Qué lenguaje es ése?

NATACHA *(Suave.)*—Déjela. ¿Qué mal hay en ello? Si se dice así... Muy bien, Fina; tú cuidarás conejos. Pero ¿de qué te viene esa afición?

FINA.—No sé... ¡Como en mi casa éramos once hermanos!... A los cinco más pequeños los crié yo. *(Nueva risa contenida de Encarna.)*

NATACHA.—¿Qué te pasa a ti? Siempre estás ahí, conteniendo la risa a escondidas. Vamos, ven acá.

ENCARNA.—Yo me llamo Encarna.

NATACHA.—Y tú, Encarna, ¿nunca te has reído con toda tu alma delante de la gente? ¿Quieres reírte ahora? A ver, que te oigamos. *(Encarna empieza conteniendo la risa. Luego estalla en una larga carcajada. Al fin para sin aliento.)* Así. ¿Estás más descansada ya?

ENCARNA *(Respirando aliviada.)*—Ay, sí, señorita; muchas gracias.

NATACHA.—¿Y tú? ¿Cómo estás tan callada, con esos ojos tan tristes? ¿Cómo te llamas tú? *(La educanda baja la cabeza.)* Vamos, levanta esa frente; sin miedo. ¿Cómo te llamas?

MARÍA.—María Expósito.

NATACHA *(La mira en silencio. Se acerca a ella y le da un beso en la frente.)*—María es un bonito nombre. Me da el corazón que vamos a ser muy buenas compañeras. Hoy voy yo a empezar pidiéndoos un favor a todas: no me llaméis nunca «señora Directora». No me suena bien... y me parece que hace vieja. ¿Queréis? Me llamo Natalia Valdés. Entre compañeras, Natacha. ¿Os gusta así?

ENCARNA.—¡Sí, así!

FINA.—¡Señorita Natacha!

NATACHA.—Así. Gracias. Vosotras, en cambio, me

vais a pedir otra cosa. Algo que yo os pueda dar; y para todas. Siempre hay algo que se echa de menos, que no nos atrevemos a pedir, y que a lo mejor es tan sencillo... ¿Queréis pensarlo? ¿Me hace el favor un momento, señorita Crespo? *(La lleva a la mesa, le entrega el ramo para disponer las flores en un cacharro. Se quita el sombrero, etc., con la naturalidad del que toma posesión de su casa. Las educandas, aparte, discuten vivamente en voz baja.)* ¿Cuánto tiempo lleva usted en el Reformatorio?

SEÑORITA CRESPO.—Cuatro años.

NATACHA.—¿Y está usted contenta?

SEÑORITA CRESPO.—Creo que cumplo mi deber.

NATACHA.—Bien. Pero, ¿está usted contenta?

SEÑORITA CRESPO.—Cuando se cumple el deber se está contenta siempre.

NATACHA.—Oh. La felicito.

ENCARNA.—Señorita Natacha.

NATACHA.—¿Ya está? Di.

ENCARNA *(Volviéndose a sus compañeras.)*—¿Lo digo?

TODAS.—Dilo, dilo...

ENCARNA.—Señorita Natacha..., si a usted no le parece mal, nosotras quisiéramos ¡no tener nunca más clase de matemáticas!

NATACHA.—Ah... no os gusta la clase de matemáticas. *(Reflexiona un momento mirando a la profesora.)*—Perfectamente: no la tendréis nunca más. *(Alegría entre las educandas.)*

ENCARNA.—Gracias, señorita.

NATACHA.—Ahora he de hablar un momento con vuestra profesora. ¿Queréis salir entretanto al campo de juegos?

FINA.—¿Solas?

NATACHA.—¿Es que os da miedo?

ENCARNA.—Al contrario. ¡Solas! *(Salen alegremente.)*

209

Natacha y Señorita Crespo

Señorita Crespo.—Permítame la señora Directora. ¿Es que de verdad piensa usted suprimir en el Reformatorio las matemáticas?

Natacha.—Las matemáticas, no; las clases.

Señorita Crespo.—No comprendo...

Natacha.—Lo comprenderá usted en seguida. Es muy sencillo. *(Pausa.)* Parecen muy buenas muchachas todas ellas.

Señorita Crespo.—Hum. Ya las irá usted conociendo.

Natacha.—He contado veintinueve en los dos pabellones. ¿Es el total?

Señorita Crespo.—El total son treinta.

Natacha.—Entonces... ¿hay alguna enferma?

Señorita Crespo.—Enferma, precisamente, no. Se trata de la señorita Viñal. Una indomable; el caso más peligroso del grupo. Está en la celda de reflexión.

Natacha *(Dolorosamente sorprendida.)*—Pero ¿existe todavía... «eso» que ustedes llaman la celda de reflexión?

Señorita Crespo.—Sólo en casos extremos. Y por un máximo de cuarenta y ocho horas. Es un castigo previsto en el Reglamento.

Natacha *(Dominándose.)*—¿Por qué está aquí esa muchacha?

Señorita Crespo.—Rebelde y vagabunda. Es incapaz de someterse a ninguna disciplina. Sólo le gusta andar, andar... de día o de noche, sin rumbo.

Natacha.—¿Y qué falta grave ha cometido ahora?

Señorita Crespo.—Se ha fugado la otra noche, descolgándose por la ventana con las sábanas. Han tenido que traerla los agentes. Es ya la tercera vez que intenta la fuga, en menos de un año.

Natacha.—Está bien... Hágala venir.

SEÑORITA CRESPO.—Si la señora Directora lo ordena. *(Natacha afirma con la cabeza. Sale la señorita Crespo.)*

NATACHA *(Ensimismada.)*—La celda de reflexión… *(Se tapa los ojos queriendo alejar una imagen cruel. Entra el Conserje, espantado y orondo dentro de su magnífico uniforme.)*

NATACHA Y CONSERJE

CONSERJE.—Señora Directora. Esas educandas andan sueltas por el jardín. No respetan nada. La señorita Méndez se ha descalzado y se ha puesto a saltar sobre el césped. ¡Un césped como terciopelo! Quince años sin que nadie se atreviera a tocarlo… *(Viendo que no le contesta.)* ¿Qué hacemos, señora Directora?

NATACHA.—Estaba pensando lo feliz que será la señorita Méndez, descalza, por ese césped de terciopelo; ¿lo cuidaba usted?

CONSERJE.—A ver; no tenemos jardinero.

NATACHA.—Muy bien. Desde mañana lo cuidará la señorita Méndez. Seguramente para ella será una gran alegría, y un trabajo útil. Una cosa quería pedirle. Tiene usted un uniforme… demasiado espectacular.

CONSERJE *(Halagado.)*—¿Le gusta?

NATACHA.—No está mal. Las muchachas, en cambio, tienen unos uniformes tan pobres, tan tristes…

CONSERJE.—Es que yo, señora Directora… ¡yo soy el Conserje!

NATACHA *(Con imperceptible ironía.)*—De todos modos. ¿Le sería muy violento descender un poco de categoría? ¿Vestirse, sencillamente, de americana?

CONSERJE.—Imposible. ¿Cree usted que de americana me iban a respetar?

NATACHA.—¿Quién sabe? Inténtelo.

CONSERJE *(Aterrado.)*—Pero… señora Directora…

Yo he sido cochero de casino; después, lacayo con la señora Marquesa. Y llevo aquí quince años de Conserje... ¡Yo he sentido siempre la dignidad del uniforme!

(Entra la señorita Crespo. Trae cogida de las manos a Marga. Ésta, despeinada, hinchados los ojos de llanto, lucha como una pequeña furia por desasirse.)

SEÑORITA CRESPO.—¡Señorita Viñal!

MARGA.—Suelte..., suelte... *(Se desprende violentamente.)* ¡Que no me toque nadie! ¡Que no me miren! ¡No quiero ver a nadie! Ya podéis azotarme hasta que os duelan los brazos. Ya podéis atarme. No me dominaréis, cobardes. Me escaparé siempre, me romperé la cabeza contra las paredes..., me morderé las muñecas hasta que me desangre... Vivir aquí, no. ¡Cobardes, cobardes! *(Cae desfallecida en un asiento, en una crisis de hipo y de llanto.)*

NATACHA *(Serenamente.)*—¿Quieren dejarnos solas?

SEÑORITA CRESPO.—Como la señora Directora ordene. *(Sale con el Conserje.)*

NATACHA Y MARGA

MARGA.—¿La Directora? Ah, ¿es usted la Directora nueva? Pues ya lo sabe: que me encierren, que me aten. Yo me reiré de vosotras desde los caminos.

NATACHA.—Vamos, pequeña, serénate.

MARGA.—No me toque. ¿Por qué me encierran? Yo no he hecho mal a nadie. Yo sólo quiero andar, andar... ¿A quién hago daño con eso? ¡Cobardes! Cuarenta horas sin sol, entre unas paredes que se tocan con las manos... ¿Y por qué dejan jugar a las otras en el patio? No se puede jugar cuando uno se está pudriendo contra el suelo... oyéndolas reír y viendo volar las golondrinas.

NATACHA.—Calma, muchacha. No llores más. No volverá a ocurrir.

MARGA.—Sí, mimos de gata ahora. Ya conozco eso. Todas las Directoras nuevas dicen lo mismo.

NATACHA.—Ea, tranquilízate. Seamos amigas. ¿A ti te gusta andar? A mí también. Nos iremos juntas por el monte; traeremos a la noche hojas y ramos verdes. Hemos de ser grandes amigas, te lo juro. ¿Cómo te llamas?

MARGA.—Marga.

NATACHA.—¿Margarita?

MARGA.—¡Marga! Mírelo en la celda: lo he escrito por todas las paredes para que no se olvide. ¡Marga, Marga, Marga! En la celda es lo único que se puede hacer. Allí hay otros nombres. Uno, grande, clavado con las uñas en la pared. ¡Natacha!

NATACHA (*Cierra los ojos un momento.*)—Los borraremos. Esta misma mañana vamos a hacer tú y yo un cubo de cal; blanquearemos bien esas paredes, que no quede rastro. Luego, cerraremos la puerta y tiraremos la llave al estanque. Yo te prometo que esa celda no volverá a abrirse más. Ven, Marga... (*Marga se aparta, esquiva aún.*) No aprietes así la boca... Tan bonita como eres. Recógete ese pelo; lávate las lágrimas. Esta tarde saldremos juntas; andaremos cantando hasta que no podamos más. (*Llevándola suavemente de la cintura.*) Verás qué bien sabe después volver a casa. Y dormir en la cama fresca, con las ventanas abiertas, mirando las estrellas... (*La lleva así hasta la puerta. Sale Marga. Natacha se vuelve para recibir a las otras educandas que entran en tropel por el lado opuesto.*)

ENCARNA.—¡Señorita Natacha!

NATACHA.—Qué, ¿os habéis cansado ya? Luego, en la mesa, tenemos que hablar. Se me está ocurriendo una cosa.

FINA.—¿Qué, señorita?

NATACHA.—No me gustan esos uniformes negros, tan tristes. Si no resultara muy caro, podríamos tener otros. Iríamos mañana a Madrid, por la tela. Si cada una se comprometiera a hacerse el suyo... *(Sale.)*

EDUCANDAS. *Después,* MARGA

ENCARNA.—¡Vestidos nuevos!

FINA.—Pero yo no sé cortar.

ENCARNA.—Yo te ayudo. ¿Cómo lo queréis?

MARÍA.—Azules.

FINA.—¡Blancos, blancos, que es como se ve si están limpios!

MARÍA.—¿Qué podrá costar?

ENCARNA.—Somos treinta..., a tres metros. Un buen percal puede encontrarse a una sesenta y cinco... Espera.

> *(Hacen grupo en torno a la mesa rodeando a Encarna, que prepara lápiz y papel. Vuelve Marga.)*

FINA *(Corriendo a ella.)*—¡Marga! ¡Por fin!... ¿Has visto a la nueva Directora? Es más guapa..., más buena... Me ha prometido que me dejará criar conejos y gallinas. Además, ¿sabes? ¡Nunca más tendremos clase de matemáticas!

MARGA.—¿De verdad?

FINA.—¡Nunca más!... ¡Y vamos a tener vestidos nuevos..., blancos... ¡Mañana iremos a Madrid a comprar la tela!...

> *(Marga se ilumina feliz. Corre a la pizarra y escribe en letras grandes: ¡Abajo las matemáticas! Entretanto, las demás hacen su trabajo.)*

ENCARNA.—Noventa, a una sesenta y cinco. Nueve
por cinco, cuarenta y cinco.

FINA *(Corriendo allá.)*—Y llevo cuatro. Nueve por
seis, cincuenta y cuatro...

MARÍA.—Y cuatro, cincuenta y ocho...

(Natacha, desde la puerta, sonríe contemplando la escena.)

Telón de cuadro

CUADRO SEGUNDO

En el mismo lugar, algún tiempo después. Ha desaparecido la pizarra.
Las educandas, a partir de este cuadro, visten sencillas batas blancas,
alegradas con algún discreto adorno; con ligeras diferencias, pero sin
uniformidad. Lo mismo en zapatos y peinados.

En escena la señorita Crespo, como en el cuadro anterior y el Conserje,
dentro de su soberbio uniforme. Pasa Fina hacia el jardín.

CRESPO, CONSERJE Y FINA. *Luego,* ENCARNA

SEÑORITA CRESPO.—¿Qué lleva usted ahí, señorita
López? ¡Más arroz! ¿A quién ha pedido usted permiso?

FINA.—Es para los pollitos, ¿no los ha visto usted? Catorce, señorita, han salido del cascarón esta mañana.

SEÑORITA CRESPO.—Pero, ¿a quién ha pedido usted
permiso para coger ese arroz?

FINA.—No era para mí.

SEÑORITA CRESPO.—No era para usted. Pero, ¿ quién ha pedido permiso?

FINA *(Confusa.)*—A nadie.

SEÑORITA CRESPO.—Muy bonito. Usted creerá qu no tiene importancia. Pero no me da buena espina sor prenderle otra vez esas mañas. Recuerde usted por qué l han traído al Reformatorio.

FINA.—Perdón...

SEÑORITA CRESPO.—Que no vuelva a ocurrir.

FINA.—Los pollitos son preciosos..., tan pequeños.. ¿Quiere usted venir a verlos?

SEÑORITA CRESPO.—No tengo tiempo para ocu parme de gallinas. *(Entra Encarna con una regadera. L deja un momento para arreglarse el pelo ante un espej que saca del pecho.)* ¿Y usted, señorita Méndez? Le h ordenado copiar cien veces el verbo «obedecer». ¿Lo h hecho?

ENCARNA.—No he tenido tiempo aún. A la tarde l haré. Ahora tengo que regar mi césped. ¿Cuántos ha salido, Fina?

FINA.—Catorce, ¡tan menuditos, tan amarillos! Verás *(Salen juntas sin oír a la profesora.)*

SEÑORITA CRESPO.—¡Señorita Méndez! ¡Señorit Méndez!... *(Se vuelve consternada al Conserje.)* ¿H visto usted, Francisco? ¡Esto se hunde! No hay discipli na, no hay respeto al profesorado.

CONSERJE.—Dígamelo usted a mí. Yo ya no me atrev a mandar nada. ¿Para qué? Y como la señora Directora s empeñe en vestirme de americana, tendré que mar charme. ¡Qué sería de mí, sin uniforme, entre esto bárbaros!

SEÑORITA CRESPO.—Aquí no hace cada uno más qu lo que le gusta. Si las cosas siguen así, esto, más que u Reformatorio, va a parecer una colonia de vaciones. desde que las comidas y los recreos se hacen en común co los muchachos, peor. Esos chicos son unos salvajes. Aca

▌arán por quitar a nuestras educandas la poca delicadeza
▌e mujer que les quedaba.

*(Se oyen gritos y llanto fuera. Entra Fina, seguida de Juan, un
muchachote de dieciocho años, violento y sano; en seguida,
Natacha.)*

CRESPO, CONSERJE, FINA, JUAN Y NATACHA

SEÑORITA CRESPO.—¿Qué gritos son ésos?

FINA.—Me ha pegado..., me ha tirado al suelo. Mírele
▌ué valiente.

NATACHA.—¿Qué ha sido eso, Juan?

JUAN.—No la he pegado; la he empujado nada más. Yo
▌asaba por mi sitio.

FINA.—Pero estaban los pollitos; los hubiera aplastado
▌l muy bárbaro.

JUAN.—Los pollos estaban estorbando; el camino es
▌ara pasar. Y esta tonta se me pone delante, hecha una
▌uria, sacando las uñas... ¡Como si fuera ella la gallina!
▌ntonces le di un empujón, y pasé. Eso es todo.

NATACHA.—Déjanos, Fina. No ha sido nada, ¿ver-
▌ad? Vuelve a tus pollitos. *(Sale Fina. Natacha se dirige a
▌uan. Le pone familiarmente una mano en el hombro.)*
▌Le has pegado! ¿Y no te da un poco de rubor, Juan? Tú,
▌an fuerte, pegar a una muchacha...

JUAN.—Tiene usted razón; nunca se debe pegar a una
▌muchacha... Pero... ¡es que no había ningún chico por allí
▌erca!

NATACHA.—Ni a los chicos tampoco. ¿Es que necesi-
▌as sin remedio pegar a alguien?

JUAN.—A veces sí. No sé lo que me pasa. Tengo tanta
▌angre, que no sé qué hacer con ella.

NATACHA.—Lo que podías hacer es un gallinero.
▌Realmente esos pollos no están bien en el jardín. ¿Tú
▌abes clavar, serrar madera?...

217

JUAN.—¡Ya lo creo! Es muy fácil.

NATACHA.—En el almacén hay tablas y tela metálica. ¿Quieres hacerlo? Es la mejor satisfacción que puedes dar a Fina.

JUAN *(Ilusionado.)*—¿Hacer un gallinero? Ahora mismo.

NATACHA.—Ábrale el almacén, Francisco. Y si quiere usted ayudarle...

CONSERJE.—¿Yo, señora Directora?

NATACHA.—A su gusto.

CONSERJE *(Con un gesto de cómica resignación.)*—Andando. *(Salen.)*

NATACHA Y SEÑORITA CRESPO

SEÑORITA CRESPO.—Ese muchacho nos dará un disgusto serio. Es el matón de la casa; no hay un solo compañero que no tenga cardenales suyos.

NATACHA.—Por eso está aquí. Pero no es caso perdido. Juan acabará siendo un hombre útil. Lo que le sucede, acaba él de decirlo a su manera: «tiene tanta sangre, que no sabe qué hacer con ella». Procuremos tenerlo siempre ocupado en algún trabajo. Lo único que necesita ese muchacho es fatigarse. *(Pausa.)* ¿Qué iba usted a hacer ahora?

SEÑORITA CRESPO.—He de dar mis clases.

NATACHA.—Deje las clases; ya llegaremos a eso. Las educandas están ocupadas en la huerta. ¿Por qué no va usted allá? Hable con ellas, interésese por sus cosas...

SEÑORITA CRESPO.—Como la señora Directora ordene.

NATACHA.—Siempre la señora Directora. Así no haremos nada. Yo le pido a usted colaboración, y usted sólo me da obediencia.

SEÑORITA CRESPO.—Yo no discuto nunca a mis superiores. Lo que sí tengo el deber de advertirle es que la disciplina de la casa está gravemente quebrantada. Aquí son los muchachos los que se toman toda iniciativa.

NATACHA.—Es la servidumbre de nuestra profesión. Hoy la educación no admite más esclavos que los maestros.

SEÑORITA CRESPO.—Si ellos supieran regirse bien. Pero las clases están abandonadas. Sólo trabajan en lo que es gusta.

NATACHA.—Pero trabajan todos. ¿Y no ha observado usted que, con tan poca cosa, son felices? Pues siendo así, tranquilícese. La obra de reforma moral que esperamos, vendrá por ese camino. *(Acompañándola hasta la puerta.)* Vaya con ellos. Si les oye reír, alégrese usted también. Y créame, señorita Crespo: sin un poco de felicidad, o se es un santo, o no se puede ser bueno. *(Sale la señorita Crespo. Natacha va a la mesa; toma del fichero una carpeta, repasa varias fichas y queda contemplando una: es la suya. Lee como para sí.)* «Natalia Valdés..., carácter melancólico y huraño..., rebelde peligrosa...» *(Vuelve el Conserje.)*

NATACHA Y CONSERJE

CONSERJE.—Ya está ese muchacho trabajando. No quiere que le ayude nadie.

NATACHA.—Acérquese, Francisco. Le he rogado varias veces que prescinda usted de ese uniforme. ¿Por qué no quiere hacerme caso?

CONSERJE.—Es que, señora Directora..., hay que conocer un poco a estos chicos. Por ejemplo: arman un escándalo en el patio; yo me acerco, y me pongo así. *(Un gesto de gallarda autoridad.)* Esto, de americana, no resulta.

NATACHA.—Perfectamente. No se ponga usted así.

CONSERJE.—¡Ah! Y si yo no me pusiera así, ¿qué sería del Reformatorio?

219

NATACHA.—Vamos a ver si nos entendemos. ¿Quiere usted que le cuente una vieja historia de esta casa?

CONSERJE.—¿Una historia? Muy bien.

NATACHA.—Hace años vivía aquí una muchacha... melancólica y huraña. En el jardín había entonces un césped de terciopelo, que no se podía tocar. Lo custodiaba una especie de dragón fabuloso: un conserje multicolor, con un magnífico uniforme. Era un tirano: cuando aquel uniforme tosía en el patio, temblaba todo el Reformatorio. Una vez, la muchacha no pudo resistir la tentación. Era de noche; bajó descalza y se puso, a la luna, a bailar encima del césped. Pero la vio el conserje, y para asustarla azuzó contra ella el mastín de la huerta.

CONSERJE (Nervioso.)—¿El mastín? Je, je... ¿Qué bárbaro, eh?

NATACHA.—Mucho. El mastín no mordía; eso ya lo sabía el conserje, claro; pero la muchacha, no. Y al verlo abalanzarse sobre ella, la impresión fue peor que una dentellada. Tuvieron que llevarla desmayada a su cuarto. Durante mucho tiempo la pobre tuvo pesadillas atroces; se despertaba sobresaltada, gritando; soñaba que la destrozaba a mordiscos un enorme mastín con gorra de conserje. La cosa no pasó de ahí. Pero a aquella muchacha le quedó para siempre un invencible horror hacia el césped que no se puede tocar, y hacia los grandes uniformes. (Mostrándole la ficha.) ¿La recuerda usted?

CONSERJE.—Señorita Natacha... ¡Perdón!

NATACHA.—Oh, ya pasó, Francisco, ya pasó. Esté usted seguro de que la pobre Natacha no volverá a recordar esto nunca más. Pero... ¿se quitará usted el uniforme?

CONSERJE.—Sí, señorita, sí. Mañana mismo me verá usted sin él. (Inicia el mutis.) Y no tenga miedo: el mastín ya murió el año pasado.

> (Sale. Natacha hace unas indicaciones en las fichas. Entra don Santiago.)

NATACHA Y DON SANTIAGO

DON SANTIAGO.—¿Qué dice mi pequeña doctora?

NATACHA *(Corriendo hacia él.)*—¡Tío Santiago! *(Se abrazan.)* ¿Solo?

DON SANTIAGO.—¿No han llegado aún tus compañeros? Pues no tardarán. Esperaba encontrarlos aquí.

NATACHA.—Tres meses separados. ¿Qué tal ese crucero por el Mediterráneo?

DON SANTIAGO.—Magnífico; ya te contarán, ya te contarán.

NATACHA.—¡Cuánto les he echado de menos!

DON SANTIAGO.—Y cuánto te hemos recordado nosotros. En todos los puertos... «Si Natacha estuviera aquí... Natacha hubiera dicho... ¿Qué será de Natacha?»... ¡Siempre nuestra Natacha!

NATACHA.—¿Flora?...

DON SANTIAGO.—Feliz; es una chiquilla con la vida en la mano.

NATACHA.—¿Mario?...

DON SANTIAGO.—Tan serio siempre, dentro de sí mismo.

NATACHA.—¿Y Lalo?

DON SANTIAGO.—Lalo... *(La mira sonriente.)* Lalo es un gran muchacho. Un torrente. El alma del viaje. Dime, Natacha...; ¿qué hay entre Lalo y tú?

NATACHA.—¿Por qué?

DON SANTIAGO.—¡Te recordaba tanto! Sus palabras siempre venían a caer aquí. Cuando decía «Natacha», parecía una caricia. ¿Qué hay entre vosotros?

NATACHA.—Oh, nada... Lalo cree que está enamorado de mí. Pero seguramente se engaña. Está enamorado de la vida entera, y acaricia lo que tiene más cerca. ¿Viene él también?

DON SANTIAGO.—¡Cómo iba a faltar él! Y con una

221

promesa cumplida. ¿Recuerdas su idea del Teatro estu
diantil? Ya está en marcha. En las horas de alta mar lo har
ultimado y ensayado todo. El domingo os darán aquí su
primera fiesta.

NATACHA.—¡Aquí! ¡Qué alegría para estos muchachos

DON SANTIAGO.—Así lo espero. ¿Qué, y de tu vida
¿No me cuentas nada?

NATACHA.—Ahora. También de eso tenemos mucho
que hablar. Estoy llena de dudas, de vacilaciones.

DON SANTIAGO.—¿Tú?

NATACHA.—Al principio todo me parecía sencillo
Veo claramente adónde quiero ir. Pero los medios..., este
pequeño problema de cada día... Venga conmigo; vea los
talleres, la huerta. Ahora están trabajando. Véalos vivir..

(Han salido con estas palabras. La escena sola un momento
Entra Marga. Toma una silla y abre sobre sus rodillas un atla.
en el que va siguiendo con el dedo viajes imaginarios. Aparece
Juan, en mangas de camisa, con una sierra en la mano.)

MARGA Y JUAN

JUAN.—Señorita Natacha... ¡Marga!

MARGA.—Buenos días, Juan. ¿Trabajando?

JUAN.—Nada, una chapuza. ¿Qué haces tú ahí sola?

MARGA.—Viajo.

JUAN.—¿Viajas?

MARGA.—Por este atlas; me lo dio la señorita Natacha
para eso. ¿Ves? Aquí está el mundo entero. Mira. *(Juan se*
arrodilla a su lado, en el suelo.) Ésta es España; y esto
azul, el mar. Lee ahí: «Mar Mediterráneo». ¿No sabes
leer?

JUAN *(Avergonzado.)*—No. *(Reacciona.)* No sé por
que no quiero; no creas que soy tonto. Si yo quisiera...
Bah, leer sabe todo el mundo.

MARGA.—¿No fuiste nunca a la escuela?

JUAN.—De pequeño... una tarde.

MARGA.—¿Una tarde sólo? Poca cosa habrás podido hacer en una tarde.

JUAN.—Poca cosa, sí; rompí dos cristales. *(Contemplando un dibujo del atlas.)* Oye, ¿qué bicho es éste que hay aquí pintado?

MARGA.—Un hipopótamo... ¿De qué te ríes?

JUAN.—Me estaba fijando en que se parece al conserje.

MARGA.—Sí se parece, sí. *(Ríe también.)* Mira; los hipopótamos viven aquí en el agua. Y a la derecha de los hipopótamos empieza Asia. ¿Ves esto rojo? Hay ríos muy grandes, serpientes venenosas y casas de bambú. Es la India.

JUAN *(Va repitiendo casi imperceptiblemente.)*—La India...

MARGA.—Después, la China. Todo el suelo está sembrado de arroz. Los chinos andan descalzos, con túnicas amarillas, y van todos tirando de un cochecito con un inglés dentro.

JUAN.—La China...

MARGA.—Y luego el Japón. Aquí. Unas islas llenas de crisantemos blancos. Las mujeres llevan un lazo atrás y sombrillas de colores. Los hombres no hablan casi nunca; y cuando se ponen tristes, se abren la barriga con un sable. Eso se llama el «harakiri».

JUAN.—¿El qué?

MARGA.—El «harakiri». Una cosa romántica.

JUAN *(Sinceramente admirado.)*—¡Cuántas cosas sabes, Marga! *(Le coge una mano con emocionada ternura.)* Y qué bonita eres..., qué bonita eres... *(Aparece el Conserje.)*

223

Dichos y Conserje

CONSERJE.—¡Preciosa escena!

JUAN.—(¡El hipopótamo!).

CONSERJE.—¿Es eso todo lo que trabajas?

JUAN.—Voy. *(Se acerca a él, achulado y burlón.)* Salud maestro. ¡Qué espléndida barriga para hacerse el «harakiri»!

CONSERJE.—¿El qué?

JUAN.—El «harakiri»... ¡Rrrsss! ¿Qué sabe usted de romanticismos?...

> *(Sale con su herramienta. El Conserje detrás. Marga, a solas con su atlas. Pausa. Se pasa una mano por la frente. Se reclina hacia atrás, cerrando los ojos. Se le cae el atlas. Llama, fuera, Natacha.)*

Natacha y Marga

NATACHA.—Marga, Marga. *(Entra y acude a ella, sorprendida.)* ¿Qué es eso, Marga? ¿Qué te ocurre?

MARGA *(Vuelve en sí.)*—¿Me he dormido?

NATACHA.—¿Estás mal? Tienes frías las manos.. ¿Qué es esto, Marga?

MARGA *(Con miedo repentino.)*—Señorita Natacha.. ¡Yo no quiero morir! ¡No quiero morir!

NATACHA *(Inquieta.)*—Pero, ¿qué tienes?

MARGA.—¡Tan hermoso como es el mundo! No deje usted que me muera, señorita.

NATACHA.—Tranquilízate, niña. ¿Quién habla de muerte? Ha sido un desvanecimiento sin importancia. Estás débil, no comes apenas. ¿Qué te pasa?

MARGA.—No puedo; no resisto las comidas. Me dan mareos todos los días.

NATACHA.—¿Cómo no me habías dicho nada?

MARGA.—Creí que pasaría... Pero tengo miedo; me faltan las fuerzas.

NATACHA.—¿Desde cuándo te sientes así?

MARGA.—Hace tiempo ya. Empecé poco después de volver al Reformatorio.

NATACHA.—¿Cuando yo llegué? Recuerda eso, Marga. Dime todo lo que ocurrió entonces. ¿Por qué te escapaste? ¿A dónde fuiste? No me ocultes nada.

MARGA.—Me escapé porque quería andar, andar... Quería volver a la ciudad; ver las luces y los escaparates. Era más de medianoche. Cogí flores en un jardín y seguí andando con mis flores. Detrás de unos cristales había hombres y mujeres cenando. Me llamaron. —¿Cuánto valen esas flores? —No las vendo; las robé para mí. Se rieron. —¿Quieres sentarte con nosotros? Ellas iban muy pintadas; ellos tenían trajes negros, con solapas de seda. Me senté. Bebimos champán. Yo no lo había bebido nunca; se tiene en un cubo de hielo y se coge con una servilleta. Era gente muy simpática. El champán pica en las narices, pero hace reír. Luego, me llevaron en un auto. Yo iba detrás, con el más guapo, y una muy rubia, casi blanca. Creí que eran novios; pero no, él no quería más que besarme a mí. Yo me reía siempre; pero me dolía la cabeza; todo me daba vueltas. ¡Hacía tanto calor! Me preguntó él. —¿Cuántos años tienes? —Diecisiete. Entonces ella decía por lo bajo: —Cuidado, Enrique, cuidado. Después, ya no sé. Cuando me desperté, me habían dejado sola, entre la yerba, en un pinar de Guadarrama. Me dolía todo el cuerpo... Apenas podía andar... Fue cuando me trajeron los agentes. *(Desfallece de nuevo.)* Otra vez el mareo...

NATACHA *(Le sostiene la frente. Pronuncia apenas entre dientes.)*—Canallas... Canallas...

Telón de cuadro

CUADRO TERCERO

En el mismo lugar. Hay preparativos de fiesta. Juan y otro par de muchachos acaban de colocar una cortina que cierra en cuadro la pérgola, transformándola en tabladillo hábil para representación de una farsa. Delante de la cortina, quedará un espacio para la actuación del prólogo.

El Conserje, sin uniforme, trae sillas, que María y Encarna van colocando delante del pequeño escenario, de espaldas al público. Natacha y la señorita Crespo dirigen la instalación, atendiendo a todos.

JUAN. — Esto ya está.

NATACHA. — ¿Corre bien? *(Juan hace jugar la cortina.)* Así, muy bien. Esas sillas, aquí. Trae más, Encarna; del comedor.

(Entran corriendo Marga y Fina.)

MARGA. — ¡Ya están ahí los estudiantes!

FINA. — Son los títeres, señorita. ¡Traen un oso!

MARGA. — Vienen cantando en un carromato. Mírelos, señorita; van a entrar en el jardín.

NATACHA. — Avisa a todos, María. *(La llevan de la mano.)*

SEÑORITA CRESPO *(Al Conserje.)* — Los títeres... Era lo que nos faltaba.

CONSERJE. — Resignación, señorita Crespo. Los estudiantes llegan. Dentro de poco, no quedará en esta casa piedra sobre piedra.

(Entra Lalo. Viste de poeta romántico, chalina desbocada, fraque verde, chistera de terciopelo.)

CONSERJE, SEÑORITA CRESPO Y LALO.
Luego, NATACHA

LALO.—Nadie en el jardín, nadie en el umbral... Ah, de la hostería. *(Entra.)*

SEÑORITA CRESPO.—¿Qué voces son ésas? ¿Quién es usted?

LALO.—Capitán de mar y tierra de la poesía estudiantil. Abajo está mi retablo; son los osos románticos, los húngaros trashumantes, los lobos y los zorros fabulistas... ¿Puedo soltarlos aquí, hermosa dama?

SEÑORITA CRESPO *(Intentando una sonrisa.)*—Je...

LALO.—No, si no le ha hecho gracia no se ría; es lo mismo. *(Al Conserje.)* ¡Oh, ilustre cancerbero! ¿Qué decadencia es ésa? El otro día tenía usted un caparazón más decorativo.

CONSERJE *(Con el mismo gesto de la señorita Crespo.)*—¡Je!...

LALO *(Viendo llegar a Natacha.)*—¡Natacha! A mis brazos...

NATACHA.—Gracias, Lalo. Ya me parecía que tardabais. *(Van entrando muchachos y muchachas.)*

LALO.—¿Está todo dispuesto?

NATACHA.—El tablado, sí. Mira. ¿Está bien así?

LALO.—Pluscuamperfecto.

NATACHA.—¿Necesitáis algo más? Pinturas, vestuario...

LALO.—Nada; todo está resuelto en nuestro carromato. Podemos empezar cuando queráis.

NATACHA.—¿Ya?... Que vengan todos.

LALO.—Sentaos, muchachos. Y que silbe el que quiera, que salte al tablado el que quiera; se admiten improvisaciones. No os pedimos ni perdón ni silencio. Alegría, sí. *(Levanta la mano anunciando.)* Atención: el

Teatro estudiantil va a representar la «Balada de Atta Troll». Un momento. *(Sale.)*

(Han ido entrando todos los educandos y se sientan comentando en voz baja. Natacha entre ellos. La señorita Crespo y el Conserje, en pie, un poco aparte. Se apagan las luces del escenario y se ilumina el tabladillo de la pérgola. En la balada, Lalo es el «Poeta»; Flora, «Mumma», Mario, «Atta Troll». Rivera, Aguilar y Somolinos hacen el resto de los papeles a juicio del director de escena.)

BALADA DE ATTA TROLL

(Suena dentro una música —dulzaina y tamboril— de títeres de gitanos. El Poeta salta al tabladillo por delante de la cortina.)

POETA.—Alegría, muchachos,
    que llegan los gitanos;
a la una, a las dos y a las tres.
      A la una:
que llegan los gitanos de cobre y aceituna.
      A las dos:
que traen el pandero y el oso y la canción.
      A las tres:
que llegan los gitanos y marchan otra vez.
    ¡Que llegan los gitanos!
    ¡Que se van otra vez!
    Alegría, muchachos;
    ¡a la una, a las dos y a las tres!

(Corre la cortina. Plaza en una aldea del Pirineo francés. En escena, el Húngaro con pendientes y anillos: Atta Troll, oso rubio, con cadena al cinto, y la osa Mumma detrás de su pandero redondo. Realista el disfraz de Atta; graciosamente estilizados los demás. Pintados en las ventanas caras risueñas, geranios y banderolas.)

HÚNGARO.—Ruede el pandero, grite la gaita;
   ¿quién no da dos cuartos
   por ver esta danza?
    Hombres, mujeres, mocitas, en flor;
   ¿quién no da dos cuartos
   por ver a Atta Troll?

He aquí a Atta Troll en persona, y a Mumma, su compañera. Atta Troll es un oso alemán educado en España. Gran bailarín, marido fiel y serio como un senador. No tiene más defecto que su sangre, romántica y judía. Por eso le gustan las canciones tristes, la cerveza y la luna. Toque el que quiera; no muerde. ¡Hombres, mujeres, mocitas en flor; a la salud de todos! ¡Baila, Atta Troll!

(Atta baila al palo. Mumma canta golpeando el pandero.)

MUMMA.—La luna de Roncesvalles
   lava el pañuelo en la fuente;
   lo lava en el agua clara,
   lo tiende en la rama verde.
    Ay, la-la-la. Ay, la-la-la.
   Ay, la-la-la. Ay, la-lá.

POETA *(Desde fuera, acercándose al tabladillo.)*—

   Atta Troll, ¿eres tú?
   Tú, el rey de las montañas,
   galán de Roncesvalles,
   señor de nieves altas.
   ¿Tú, risa de las ferias,
   danzarín de barraca?
   Rompe el hierro, Atta Troll...
   ¡el oso, en la montaña!...

HÚNGARO.—Atta Troll es único en su arte. Los hombres le admiran; las mujeres le lanzan miradas ardientes. Pero Atta Troll es un enamorado fiel; sólo le gusta su compañera Mumma, la perla de Roncesvalles. Ahí la tenéis, pura y limpia como una azucena de cuatro patas. ¿A quién quieres? Dilo tú, Atta Troll.

ATTA *(De rodillas.)*—¡Mumma!

POETA.—Rompe el hierro, Atta Troll,
       la montaña te aguarda.
       Allí el gruñido verde
       y la verde retama
       y la luna torcaz de los pinares
       y el pasto fresco de las nieblas altas.
       Rompe el hierro, Atta Troll...
       ¡El oso, en la montaña!

HÚNGARO.—Hombres, mujeres, mocitas en flor;
       que siga la danza
       del rubio Atta Troll.
       Ay, la-la-la. Ay, la-la-la.
       ¡Baila, perro judío!

ATTA.—¡¡No!! *(Hace frente al palo. Se arranca con un rugido la cadena, y saltando al escenario huye por entre las educandas asustadas.)*
POETA.—¡Libre!
HÚNGARO.—Aquí, Atta. ¡Ah, oso maldito!... Hijo de contrabandista.
MUMMA.—Atta... Atta Troll...
HÚNGARO *(Volviendo su látigo contra ella.)*—¡Calla! ¡Calla tú! *(Ciérrase la cortina.)*
POETA.—No temáis. Quietos. Siéntense todos. Atta Troll ha conquistado su libertad. Por la roca brava, mordiendo flor de ginesta y aire libre, ha vuelto a Roncesva-

lles. Su grito retumba en los puertos de leyenda como el cuerno de Roldán. Ahora lo veréis en su cubil caliente, con sus oseznas, gordas y rubias como hijas de pastores protestantes.

(Suena de nuevo la dulzaina. Un redoble de tambor y se corre la cortina. Aparece el cubil de Roncesvalles. Atta, sentado en el suelo, habla a sus oseznas de juguete.)

ATTA.—Sí, hijas mías. El oso, en la montaña. Abajo, en las ciudades, los hombres. Son débiles y verticales; pero tienen una terrible inteligencia para hacer daño. Se creen superiores a nosotros porque cuecen la carne antes de comerla. Pero un día nos rebelaremos contra ellos y los arrollaremos. Entonces todos seremos libres. Y hasta los judíos tendrán derechos de ciudadanía, como los demás mamíferos. *(Pausa. Nostalgia.)* Y sin embargo... Las ciudades son hermosas, con luminarias y violines. Las ferias tienen caminos de olivos. Y se danza entre los ojos de las mujeres... ¿Qué será de mi pobre Mumma, cobarde y sola cantando? *(Recuerda):*

> La luna de Roncesvalles
> lava el pañuelo en la fuente,
> lo lava en el agua clara,
> lo tiende en la rama verde.
>   Ay, la-la-la. Ay, la-la-la.
>   Ay, la-la-la. Ay, la-lá.

(Repiten el estribillo las educandas.)
(Por detrás del tabladillo aparecen el Húngaro, el Lobo y el Zorro. El Lobo con una ballesta, el Zorro con gafas leguleyas y un gran libro. Traen atada a Mumma.)

HÚNGARO.—¿Habéis oído cantar? Su cueva está cerca.
LOBO.—Pero Atta Troll es fuerte.
ZORRO.—Detengámonos. Lo importante es buscar una fórmula.

HÚNGARO.—No hay fórmulas. Me dejó en la miseria y debe morir. Tengo derecho a su piel.

LOBO.—Yo tendré su carne.

ZORRO.—Y yo os absuelvo en nombre de la ley. Atta es un oso demagógico y libertario. Hágase justicia. *(Abre su libro.)* Artículo ciento cuarenta y ocho.

POETA.—¡Atención, Atta Troll!
      El hombre y el lobo y el zorro te buscan;
      el hombre y el lobo y el zorro te matarán.
        El hombre trae la codicia,
        el lobo trae el cuchillo,
        y el zorro, el código penal.

HÚNGARO.—Subamos a su cubil.

LOBO.—Peligroso. Atta Troll es fuerte.

ZORRO.—Calma; cuando podáis hacer una cosa a traición, no la intentéis de frente. ¿Para qué tenemos aquí a Mumma? Atta Troll la quiere. Que ella lo llame, y él mismo vendrá a caer en nuestras manos. Yo os juro que no hay animal más estúpido en este mundo que un oso enamorado.

HÚNGARO *(Amenazando con el látigo.)*—¿A quién quieres tú, Mumma? ¡Dilo!

MUMMA *(Débil.)*—Atta Troll...

HÚNGARO.—¡Más!

MUMMA.—Atta Troll... *(Atta Troll, que se había tendido en el cubil, se levanta de pronto.)*

ATTA.—¿Quién llama? ¿Quién me golpea esta sangre caliente de recuerdos?

HÚNGARO *(Retorciéndole los brazos.)*—¡Dilo más fuerte! ¡Grítalo!

MUMMA.—Atta... ¡Atta Troll!

ATTA.—¡Es su voz!

POETA.—No salgas. ¡Es la traición, es la muerte!

ATTA.—Y qué importa, si es ella. Si toda la montaña me

232

huele a ella. *(Asomándose.)* ¡Mumma! ¡Aquí, Mumma!
(Entonces el lobo dispara su ballesta y se esconden todos.)

HÚNGARO. —¡Tira!

LOBO. —¡Cayó!

POETA. —Malditos, lobos y zorros
que engañáis con el amor.
En el val de Roncesvalles
lo mataron a traición,
al pie de la fuente fría,
al pie del espino en flor...
En el val de Roncesvalles
¡murió cantando Atta Troll!

ATTA *(Cae lentamente.)* —Ay, la-la-la. Ay, la-la-la.
Ay... ¡Mum ma!

(Cortina. Los educandos aplauden. Se hace el oscuro en el tabladillo y se encienden nuevamente las luces del escenario. Lalo recoge en el pandero las flores que las muchachas se quitan del pelo y Atta Troll saluda desde el tablado.)

LALO. —Una flor, mocitas. Para los osos románticos, para los poetas, para los estudiantes. *(A Marga.)* ¡Gracias, cara de siempre novia!

CONSERJE *(Que ha salido un momento al terminarse la representación, vuelve nervioso.)* —¡Señorita Natacha!... ¡La señora Marquesa!... ¿Qué dirá si me encuentra así?

(Expectación. Circula la noticia y se inicia la desbandada. Los muchachos los primeros, llevándose las sillas. El Conserje también.)

LALO *(A Natacha.)* —¿Barco enemigo?

NATACHA. —Es la Presidenta del Patronato. Quietos. ¿Por qué os vais? La señora Marquesa tendrá el mayor gusto en presenciar nuestra fiesta. *(Entra la señora Marquesa acompañada de Sandoval.)*

DICHOS, MARQUESA Y SANDOVAL

MARQUESA. —Señora Directora...

EDUCANDAS. —Buenas tardes, señora Marquesa.

MARQUESA. —Buenas tardes, muchachas. ¿Qué carromato he visto a la puerta, señorita Valdés?

NATACHA. —Es el teatro de los estudiantes. En este momento acaban de presentarnos una balada de Heine.

MARQUESA *(Con un grito de espanto al ver, de pronto, al oso junto a sí.)* —¡Oh!... ¿Qué significa esto?

NATACHA. —Son mis compañeros. *(Presentando.)* Mario Ferrán, licenciado en Ciencias Naturales. *(Mario se quita la cabeza para saludar y le tiende la mano, que ella acoge con reservas.)* Lalo Figueras...

LALO. —Estudiante siempre. Herido tres veces en San Carlos.

MARQUESA *(Nerviosa, sintiendo un poco ridícula la situación.)* —Muy pintoresco..., muy pintoresco... ¿Podemos pasar a su despacho, señorita Valdés?

NATACHA. —No es preciso. *(A los estudiantes.)* ¿Queréis dejarnos un momento? Señorita Crespo... *(Sale ésta con las educandas.)*

SANDOVAL *(A Lalo.)* —¡Oh, el profesor de optimismo!... ¿Qué, se ha comprado usted ya su paraguas rojo?

LALO. —¿Quién piensa en eso? Ahora soy poeta. Que es una ciencia tan inútil como la Medicina; pero mucho más divertida. Hasta siempre, don Félix. *(Han ido saliendo todos.)*

MARQUESA, NATACHA Y SANDOVAL

MARQUESA. —Perdone mi falta de oportunidad. No tenía noticias de esta fiesta.

SANDOVAL. —¿Puedo retirarme, señora Presidenta?

MARQUESA.—No, usted quédese, se lo ruego. *(Pausa embarazosa.)* Señorita Valdés... He de hablarle en nombre del Patronato..., una misión delicada. Se trata de su actuación al frente del Reformatorio.

NATACHA.—Ruego a la señora Presidenta que hable sin el menor reparo.

MARQUESA.—Hasta el momento, su labor sólo merece plácemes. Yo lo comprendo..., usted tenía que atraerse a las muchachas... Sin embargo —perdóneme que se lo advierta—, ¿no habrá ido usted demasiado lejos en sus concesiones?

NATACHA.—No comprendo.

MARQUESA.—Descendamos a algunos detalles. Las educandas se han acostumbrado a no sentir sobre sí la menor coacción. Viven en una alegre libertad, y hasta en un ambiente de cierto lujo. Se ha instalado una sala de duchas; se han suprimido en el comedor los platos de estaño y los tapetes de hule. Tienen manteles blancos que cambian a diario...

NATACHA.—Se los han hecho ellas, los lavan ellas...

MARQUESA.—Sí, sí, muy bien. Pero esa mantelería, esas duchas y tantas otras cosas, un poco excesivas, ¿no serán, a la larga, un daño para ellas? Piense usted que les está creando unas necesidades que luego no podrán satisfacer. ¿En qué condiciones volverán mañana a sus casuchas de vida amontonada y miserable?

NATACHA.—Pero el mantel blanco y el agua, son compatibles con el hogar más humilde. Por otra parte, desde que las muchachas mismas se han encargado de la cocina, se gasta menos.

MARQUESA.—No, si no es el dinero lo que me preocupa. Yo he tenido siempre mi bolsa abierta a todas las necesidades.

NATACHA.—¿Es decisión del Patronato volver atrás estas cosas?

MARQUESA.—Oh, no, no insistamos en ello. Al fin y al

cabo, son pequeños detalles sobre los que me limito a llamar su atención. Usted decidirá. Pero hay otras cosas... El régimen de trabajo libre, la indisciplina que ya apunta por todas partes... Es peligroso todo eso, tratándose de almas moralmente débiles, formadas en el delito y en la calle.

NATACHA.—Pero es que la dureza de vida, la violencia y el castigo, ¿no son precisamente el régimen de la calle?

MARQUESA.—Sí, ya sé lo que va a decirme. Sé, además, que no le faltará a usted todo un cúmulo de doctrinas en que respaldar su actitud. Pero yo me atengo a una triste realidad que conozco desde hace muchos años.

NATACHA (Con amarga intención.)—Puede usted estar segura de que también yo procedo sobre tristes realidades vividas.

MARQUESA.—En fin, hasta aquí cabría la discusión. Yo he vivido bastante y he acabado por acostumbrarme a creer que la razón la tenemos siempre entre todos. Pero hay un último problema en que no puedo transigir. La separación de muchachos y muchachas, ha empezado a quebrantarse: las comidas, los recreos y los trabajos de taller ya se hacen en común. ¿Ha pensado usted que ese régimen de convivencia en la pubertad —peligroso siempre— puede ser gravísimo en la atmósfera moral de un Reformatorio?

NATACHA.—Yo no sé que una institución educativa pueda organizarse de modo distinto a como está organizada la vida.

MARQUESA.—Es decir, ¿que usted no ve los peligros de ese sistema aquí? ¿Sabe usted que ya hay quien ha sorprendido a muchachos y muchachas besándose en los talleres?

NATACHA (Impaciente.)—¿Y ha pensado usted si esos besos, que no son un delito, pueden empezar a ser la redención de otros males peores del aislamiento?

MARQUESA.—¿Qué quiere usted decir?

NATACHA.—Si usted no me ha entendido ya... nada.

MARQUESA *(Herida.)*—¡Señorita Valdés! Me está usted hablando con un aire de superioridad intolerable. Usted se cree dueña absoluta de la verdad.

NATACHA.—Soy, sencillamente, leal a mis ideas. Tanto como usted a las suyas. Y lamento que sean tan opuestas. Por mi parte, el señor Sandoval recordará mis palabras al hacerme cargo de esta Dirección: jamás aceptaré dar un solo paso en contra de mis convicciones.

MARQUESA.—Entonces... ¿debo tomar esas palabras como una dimisión?

NATACHA.—¿No era eso lo que se pretendía?

SANDOVAL *(Que ha seguido la escena con interior violencia, convencido alternativamente por una y otra réplica.)*—Pero, reflexione usted...

MARQUESA *(Cortando.)*—¡La señorita Valdés no habla nunca sin reflexionar, señor Sandoval! *(A Natacha.)* Créame que lo siento. Me hubiera gustado encontrar en usted un poco más de transigencia. En cuanto a su contrato, puede usted reclamar la indemnización que estime oportuna. *(Llama.)* ¡Señorita Crespo! *(La señorita Crespo aparece inmediatamente.)* ¿Puedo dirigir unas palabras a las educandas?

SEÑORITA CRESPO.—En seguida. *(Sale de nuevo.)*

SANDOVAL *(Acercándose a Natacha.)*—Lo siento con toda el alma.

NATACHA.—Lo sé. Gracias. *(Vuelve la Señorita Crespo con las educandas.)*

MARQUESA, NATACHA, SANDOVAL,
SEÑORITA CRESPO Y EDUCANDAS

SEÑORITA CRESPO.—La señora Presidenta desea dirigiros la palabra. ¡Fila! Esa frente más alta, señorita Viñal... ¡Señorita Viñal!...

(Marga, que ha entrado sin fuerzas, caída la cabeza, se dobla sobre las rodillas y se desploma hacia adelante. Revuelo.)

MARQUESA.—¿Qué es esto?

ENCARNA.—¡Se ha desmayado!

MARQUESA.—Pronto... Señor Sandoval...

SANDOVAL.—A ver, ayúdeme. No será nada... Sosténgale la cabeza.

MARQUESA.—¡Dios mío!

FINA.—¡Marga!... ¡Marga!...

(La llevan entre todos. Los estudiantes han entrado al oír los gritos. Quedan en escena con Natacha.)

NATACHA Y ESTUDIANTES

FLORA.—¿Qué ha pasado aquí?

MARIO.—¿Esa muchacha?...

NATACHA.—Nada, un desmayo.

RIVERA.—¿Podemos hacer algo nosotros?

NATACHA.—Os aseguro que no es nada. Ya le ha dado otras veces.

LALO.—¿Y a ti? ¿Qué te ocurre a ti?

FLORA.—Te tiemblan las manos.

NATACHA.—Nada tampoco. Parece ser que al Patronato no le ha gustado mucho mi labor. Y han enviado a pedir amablemente mi dimisión.

MARIO.—¡Natacha!

NATACHA.—Ya no soy nadie en esta casa. *(Silencio angustioso.)*

LALO.—Entonces... ¿todo ha terminado?

NATACHA *(Rehaciéndose.)*—¿Terminar? Ah, no; ahora es cuando vamos a empezar de verdad. ¿No os tengo aquí a vosotros? *(Rápida.)* Óyeme, Lalo, te lo pido con toda el alma. Tú tienes una finca abandonada, una granja posible;

un día se la ofrecías a éstos por desafío... Déjanos esa finca, préstanosla. ¡Allí puede desenvolverse toda una vida!

LALO.—Tuya es.

NATACHA.—Y ayudadme todos. Estos muchachos vendrán con nosotros. Me los he ganado yo día por día; son míos y me necesitan. Dadme un año de vuestra vida para ellos.

LALO.—Contigo siempre, Natacha.

NATACHA *(Tendiendo las manos a todos.)*—¡Un año de vuestro trabajo! ¡Un año de vuestra juventud, y crearemos toda una vida nueva! ¿Todos?

ESTUDIANTES.—¡Todos!

DICHOS Y SANDOVAL

SANDOVAL *(Entra agitado.)*—Señorita Natacha... Si no es posible. ¿Usted sabe? Esa muchacha... ¡lo que tiene esa muchacha es un hijo!...

NATACHA *(Amargamente.)*—Ya lo sabía.

SANDOVAL.—Pero, si no es posible... ¿Qué hacemos?

DICHOS Y MARQUESA

MARQUESA.—Hay que evitar a todo trance que esto se sepa. ¡Qué vergüenza para el Reformatorio! Arréglelo como sea, señor Sandoval. Saque hoy mismo a esa muchacha de aquí. Llévela a una casa de Maternidad. ¡Que no lo sepan las otras!

NATACHA *(Avanza, decidida.)*—¡Esa muchacha no saldrá de aquí más que conmigo!

MARQUESA.—¡Puede usted estar satisfecha, señorita Valdés: sus hermosas doctrinas empiezan a dar resultado!

NATACHA *(Herida, rebelándose ante la acusación.)*—

239

¡Ah, eso sí que no! No son mis doctrinas. Preguntad la verdad a los pinos del Guadarrama. ¡Preguntadles hasta dónde es capaz de llegar un señoritismo borracho de champán. ¿Y ahora queréis volcar sobre ella una vergüenza que no es suya? ¿Es que queréis que empiece ya a maldecir esas entrañas que pueden ser su redención? ¡No! ¡No le mentiréis! *(Llamando.)* ¡Marga!... ¡Marga!...

ENCARNA.—Ya viene aquí. *(Entra Marga, sostenida por Fina, detrás de la señorita Crespo.)*

NATACHA.—Aquí, Marga. ¡Conmigo! Es preciso que lo sepas. Vas a tener un hijo. Pero no te avergüences. ¡Levanta la frente y grítale ese dolor al mundo negro! ¡Que se arrodillen los culpables!... ¡Tú, de pie, con tu hijo!

MARGA *(Con un gozo febril que le rompe a gritos la garganta.)*—¡Un hijo!... ¡Un hijo!... *(Lalo vuelca ante ella su pandero de flores.)*

Telón

ACTO TERCERO

Un año después, en la granja que estudiantes y educandos han organizado. Especie de cobertizo o zaguán de acceso a la alquería. Al fondo, ventana grande sobre el campo. A la izquierda la escena abierta termina en un porche emparrado. Entre éste y la ventana, dos arcones, grano y herramientas, y aperos de labranza. A la derecha, puerta de entrada a la casa; y una mesa con microscopio, láminas de corcho con insectos, libros, lupa, manga de entomólogo y una caja de cartón y cristales para la observación: es el «laboratorio» de Mario.

En escena, Fina y dos muchachos que pasan el grano de un saco al arcón, midiéndolo.

FINA.—Cuarenta y ocho..., cuarenta y nueve... y cincuenta. Listo. *(Toma nota en un pequeño block con un lapicero que lleva al cuello.)* Lo demás, al granero. Al fondo: no lo vayáis a mezclar con el centeno.

(Entran los muchachos en la casa. Llegan de fuera Somolinos, Rivera, Aguilar y Juan. Unos en mangas de camisa, otros con monos grises de trabajo. Juan se sienta rendido. Los otros van dejando en el arcón sus herramientas, hilo de cobre, etcétera.)

FINA, RIVERA, AGUILAR, SOMOLINOS Y JUAN

FINA.—¿Ya habéis terminado vosotros?
SOMOLINOS.—Ya.
FINA.—Buena jornada. ¡Desde las cinco de la mañana!
SOMOLINOS.—¿Nos sentiste salir?
RIVERA.—No se podía perder tiempo. Esto tenía que quedar hecho sin remedio. Es nuestra despedida.

241

FINA.—¿Cuándo tendremos fluido?

AGUILAR.—Esta misma noche. ¿No habéis oído desde aquí la turbina? Hemos soltado la presa, y marcha admirablemente.

RIVERA.—Luego, para el otoño, hasta podréis mandar luz a todas estas aldeas.

FINA.—Va a parecernos mentira. ¡Aquellas noches de invierno con petróleo! ¿Sabrá Juan manejar todo esto?

JUAN.—¡Bah!... Es muy sencillo...

AGUILAR.—Juan sabe ya todo lo que hay que saber. Es un bravo muchacho.

RIVERA *(A Aguilar.)*—¿Te acuerdas, en la Residencia, el día que Lalo nos desafiaba a hacer esto precisamente? Tenía un fondo de razón.

FINA.—Pero estaréis rendidos.

SOMOLINOS.—Ya descansaremos. Ahora, al río: un buen baño frío, y como nuevos. ¿Vamos, Juan?

DICHOS Y DON SANTIAGO. *Después,* MARÍA

AGUILAR.—Señor Rector.

DON SANTIAGO.—¿Qué hay? A vosotros no os he visto en toda la mañana.

RIVERA.—Hemos estado en el molino desde el amanecer, instalando la turbina.

FINA.—¿Ha recorrido usted ya toda la granja?

SOMOLINOS.—¿El lagar?

FINA.—¿Los establos?

AGUILAR.—¿La nueva roturación?

DON SANTIAGO.—Todo. Y os confieso que estoy orgulloso de vosotros. No creía que en un año pudiera hacerse tanto.

RIVERA.—Para nosotros, un año de vacaciones. ¡Lástima que se acaba ya!

Don Santiago *(A Aguilar.)*—¿Qué tal, señor agrónomo? ¡Buen curso de prácticas, eh!

Aguilar.—Bueno. *(Mostrándole las manos.)* Mire.

Don Santiago.—¿Callos? No está mal; es un doctorado que debiera tener todo el mundo. *(A Juan.)* ¿Y tú? ¿No les pegas ya a tus compañeros?

Juan *(Sonríe sin fuerzas.)*—Ahora no puedo. Estoy muy cansado.

Don Santiago.—¿Salíais?

Rivera.—Al río, a hacer apetito. *(A María, que cruza con un gran cesto de ropa lavada.)* ¿Qué tal está el agua, María?

María.—Fresca, fresca. Así lava mejor. *(Van saliendo los estudiantes y Juan.)* Buenas tardes, don Santiago.

Don Santiago.—Muy sonriente vas con tu carga.

María.—Me gusta el trabajo de lavandera. El río corta las manos, pero da ganas de cantar. El cesto me lo hizo malo.

Fina.—¿Cuántas piezas van hoy a la colada?

María.—Cuarenta y ocho. *(Sale. Fina toma nota.)*

Don Santiago.—Buena granjerita. No pierdes un detalle.

Fina.—¡Qué remedio! Soy la administradora general. *(Habla hacia el emparrado.)* De prisa, Francisco; así no acabaremos con la leña nunca.

> *(Entra Francisco, el antiguo conserje, en mangas de camisa. Trae una carretilla con leña cortada.)*

Fina, Don Santiago y Francisco

Don Santiago.—Pero, ¿usted aquí también?

Francisco.—Muy buenas, señor Rector.

Fina.—Ha sido nuestra conquista más fácil. En el fondo, parece ser que se había encariñado con nosotros. Pero no se mueve demasiado, no.

FRANCISCO.—No es tan fácil cargar esta leña. Es⸢
muy verde.

FINA.—La del pinar está seca.

FRANCISCO.—Pero muy arriba. Ya sabe usted que a m⸢
las cuestas...

FINA.—¿Y la del soto?

FRANCISCO.—Muy lejos. Y hay que pasar el río. Y⸢
sabe usted que a mí la humedad...

FINA.—¿Quiere usted que plantemos los árboles en ⸢
leñera? No, Francisco, un poco de seriedad. Usted se h⸢
comprometido libremente a partir ocho cargas diaria⸢
Mire por dónde va el sol y no ha traído más que cuatro.

FRANCISCO.—¿Cuatro nada más?

FINA *(Mostrando su block.)*—Cuatro.

FRANCISCO.—Es que no sé qué me pasa hoy. No h⸢
dormido bien.

FINA.—¿Y ayer?

FRANCISCO.—Ayer era mi cumpleaños.

FINA.—¿Y antes de ayer?

FRANCISCO.—¿Antes de ayer...? *(Renunciando a ⸢
controversia.)* Muy buenas, señor Rector. *(Sale rezon⸢
gando filosófico.)* ¡Ah, la tiranía de los débiles!...

FINA *(Al Rector.)*—Es una gran persona este Francisc⸢
Pero hay que atarlo corto: tiene toda la vagancia de quin⸢
años de autoridad.

DICHOS Y MARGA, *que entra de la casa*

FINA.—¿Adónde vas tú, Marga?

MARGA.—Hago falta en el horno. Está Flora sola.

FINA.—No, eso es muy duro para ti. Yo iré.

MARGA.—Pero, mujer, ¿es que va a durar esto siem⸢
pre? Déjame. Me da pena sentirme tan inútil...

FINA.—Inútil, dice, don Santiago... ¡Y es la madre!

DON SANTIAGO.—¿Qué tal ese pequeño, Marga? T⸢
dos me cuentan maravillas.

244

MARGA.—Está dormido.

FINA.—¡Va a ser más fuerte! ¡Duerme con los puños cerrados! ¡Así!

DON SANTIAGO.—Y tú, ¿eres feliz? Aquella fiebre de andar y andar.

MARGA.—Ya pasó. Ahora no hay ninguna voz que me llame fuera de casa. ¡Estaba tan cansada! Me parece que lo que yo buscaba, sin saberlo, por todos los caminos, no era más que esto: un hijo donde recostarme... Ya lo tengo. *(Sale.)*

NATACHA Y DON SANTIAGO

NATACHA *(Que aparece en la puerta al mutis de Marga.)*—Ve con ella, Fina. *(Sale Fina.)* ¿Qué tal, tío Santiago?

DON SANTIAGO.—Que estoy empezando a ruborizarme, hija. Esto parece una colmena; nadie está vacío ni quieto... ¿Puedo yo hacer algo?

NATACHA.—¿Le parece que ha hecho poco? Conseguir que nos dejaran trabajar en paz.

DON SANTIAGO.—No fue empresa fácil, no. Con toda mi autoridad moral, con todo tu prestigio..., Realmente aquel plante del Reformatorio fue un golpe de audacia. Yo no me hubiera atrevido a defenderlo en nadie. Pero eras tú...

NATACHA.—Éramos la razón y yo.

DON SANTIAGO.—Sí, también la razón un poco. En fin, lo cierto es que ya está hecho, y que vuestra colonia tiene una vida perfectamente legal.

NATACHA.—Gracias a usted.

DON SANTIAGO.—Y a los abogados.

NATACHA.—Oh, los abogados son admirables. Nunca dudé de ellos; estaba segura de que lo mismo hubieran arreglado esto que lo contrario. *(Vuelve Francisco con su carretilla vacía.)*

Natacha, Don Santiago y Francisco

FRANCISCO.—Señorita Natacha...

NATACHA.—¿Qué hay, Francisco?

FRANCISCO.—Tengo cincuenta y ocho años. No soy tan fuerte como esos muchachos, pero hago todo lo que puedo. He cortado leña, he trabajado en la arada y en la siega; nunca me he levantado después que los otros...

NATACHA.—Pero, ¿a qué viene todo eso ahora?

FRANCISCO.—Es mi hoja de servicios. ¿Está usted contenta de mí?

NATACHA.—¿Cómo no voy a estarlo? ¿Por qué lo pregunta?

FRANCISCO.—Es que... quisiera pedirle un favor. Es una cosa grave, ya lo sé. ¡Pero es por un día nada más!

NATACHA.—Diga, Diga.

FRANCISCO.—Si a usted no le parece muy mal..., por un día nada más... ¡Me gustaría tanto volver a ponerme el uniforme!

NATACHA.—¿Pero, se lo ha traído usted?

FRANCISCO.—Lo tengo en el baúl..., lo saco algunas noches para mirarlo... ¡Son quince años de mi vida!

NATACHA.—¿Y sufre usted por tan poca cosa? Pues no sufra más, Francisco. Póngaselo si quiere.

FRANCISCO.—Gracias, señorita Natacha. *(Deja su carretilla.)* Un día nada más, se lo prometo. Gracias. *(Sale, erguido de pronto a la querencia del uniforme.)*

Natacha y Don Santiago

NATACHA.—Cada uno tiene su pequeño problema.

DON SANTIAGO *(Reflexivo, después de una pausa.)*—¿Y tú...?

NATACHA.—Yo... también.

DON SANTIAGO.—Pero el tuyo no es pequeño. Es

toda tu vida lo que te estás jugando aquí. Hasta ahora has tenido para vencer el esfuerzo y la presencia de estos estudiantes, y esa alegría generosa que no conoce la fatiga. Pero esto termina hoy. ¿Qué será de ti mañana?

NATACHA.—Seguiré sola mi obra.

DON SANTIAGO.—¿Y a dónde vas con tu obra? ¿Qué alcance quieres dar a todo esto? Yo soy ya viejo; perdóname si pongo un poco de hielo en tu entusiasmo. Pero esta granja de trabajo comunal... ¿No estás tratando de resucitar, sin darte cuenta, un sueño fracasado del socialismo romántico?

NATACHA.—Oh, no. No se trata aquí de sueños ni de fórmulas universales. Esta colonia no es más que un hecho feliz. Todo lo humilde, todo lo pequeño que usted quiera. Pero... una flor vale más que una lección de botánica.

DON SANTIAGO.—¿Y toda tu vida va a ser esto? ¿Trabajar para los demás, buscar la felicidad de los demás? ¿Es que la tuya no tiene los mismos derechos que las otras?

NATACHA.—Yo soy feliz aquí.

DON SANTIAGO.—Pero, ¿lo serás mañana? No quieras engañarte a ti misma. Dime, Natacha: hoy termina el año que tus compañeros te entregaron generosamente. La vida los llama a sus estudios y a sus casas. Antes que caiga la tarde, se habrán ido todos. Lalo, también. ¿No es nada Lalo para ti?

NATACHA.—Demasiado. Ojalá no fuera tanto.

DON SANTIAGO.—Ese muchacho te quiere de verdad.

NATACHA.—Lo sé; y ésa es mi angustia. Porque yo también lo quiero, tío Santiago. Aquí lo he conocido bien: un alma siempre abierta; el primero en la alegría, el primero en el trabajo. Un hombre. Lalo no tenía más que el gran pecado de nuestra generación: pensar que el corazón no es elegante, y tratar de esconderle siempre. ¡Y cuánta fecundidad posible, cuánta nobleza humana se nos ha ahogado a todos ahí debajo!

DON SANTIAGO.—Y queriéndole así, ¿le vas a dejar marchar?

NATACHA.—Mi deber está aquí.

DON SANTIAGO.—¿Pero con qué fuerzas, con qué alegría lo cumplirás? ¿Qué quieren decir ya esas lágrimas?

NATACHA *(Sobreponiéndose.)*—No quieren decir nada. Mi obra está por encima de mis lágrimas. Recuerdo una anécdota de la Gran Guerra, que me ha hecho meditar muchas veces. Era un general revisando las trincheras. En un puesto de peligro estaba un pobre capitán, con aire de buen padre de familia; estaba pálido, temblando de pies a cabeza. El Jefe se le encaró burlonamente: ¿Qué? Parece que hay miedo... —Sí, mi general, mucho miedo... ¡pero estoy en mi puesto! Y yo pienso, tío Santiago, que el único valor estimable es éste; no el de los héroes brillantes, sino el de tantos humildes que luchan y trabajan en las últimas filas humanas, que no esperan la gloria, que sufren el miedo y el dolor de cada día... ¡Pero están en su puesto!

DON SANTIAGO *(Conmovido. Estrechándole las manos.)*—¡Mi Natacha!...

(Entra Mario. Va directamente a su mesa de trabajo.)

MARIO.—Muy buenas, don Santiago.

DON SANTIAGO.—¿Qué dice nuestro joven sabio? ¿A trabajar en su tesis?

MARIO.—Siempre. Ahora estoy de enhorabuena. ¡Tengo dos escorpios rubios, en celo!

NATACHA.—Mario es el único que no nos abandona. Me ha prometido terminar aquí su trabajo.

DON SANTIAGO.—¡Ah! ¿Usted se queda?

MARIO.—¿A dónde voy a ir que esté mejor para mis cosas?

DON SANTIAGO.—¿Y Flora?...

NATACHA *(Le impone silencio discretamente.)*—Chist...

(Mario, lupa en mano, se ha entregado a sus observaciones. Entra Fina.)

FINA.—¡El pan, Natacha! Ya lo están sacando.

NATACHA.—¿Ya?... *(A don Santiago.)* Es nuestro primer pan. Ese trigo lo hemos sembrado nosotros, lo hemos molido en nuestro molino y se ha cocido en nuestro horno. Venga, tío Santiago. ¡Verá usted qué hondo sabe el pan cuando es verdaderamente nuestro! *(Sale con él.)*

FINA Y MARIO. *En seguida,* FRANCISCO

FINA *(Fijándose en la carretilla vacía.)*—Y esta carretilla... *(Llama, imperativa.)* ¡Francisco!... ¡Francisco!... *(Sale de la casa Francisco con su gran uniforme.)*

FRANCISCO.—Muy buenas, señorita López. ¿Llamaba usted?

FINA *(Impresionada, baja la voz.)*—¡Don Francisco!...

FRANCISCO.—Exactamente: don Francisco. ¿Y sabe usted lo que ha pensado don Francisco, señorita López? Que esas cuatro cargas que faltan hoy, las va a traer usted. ¿Qué le parece?

FINA.—Voy... voy... *(Sale delante con la carretilla.)*

FRANCISCO *(Acariciándose el uniforme.)*—Un día nada más... Pero ¡qué fuerza se tiene desde aquí dentro! Ay...

(Sale, con un largo suspiro. Pausa. Mario sigue embebido en su trabajo. Llega Lalo, cantando entre dientes. Trae un rollo de cuerdas, hitos y una cadena de agrimensor, que deja en el rincón.)

LALO Y MARIO

LALO *(Por Mario):*
   Vio en una huerta
   dos lagartijas

cierto curioso
naturalista.

(Mario no se da por enterado.)—De otro modo:
Cierto curioso
naturalista
vio en una huerta
dos lagartijas.

¡Eh, cefalópodo!
MARIO.—¡Chist!...
LALO *(Baja la voz.)*—¿Qué pasa?
MARIO.—¡Son dos escorpios rubios!
LALO.—¡Ah!... ¿Enamorados?
MARIO.—Están en los preliminares del rito nupcial.
LALO.—Muy bonito. Y tú ahí, teniéndoles la cesta.
MARIO.—Es la ceremonia más curiosa que se puede
imaginar. Primero la hembra, que es la más oscura, coge
al macho del brazo. Después...
LALO.—No, Mario; cuentos verdes, no.
MARIO *(Cortado.)*—¡Cuentos verdes! Sí, claro, lo de
siempre. ¡Qué poco generoso eres conmigo! Yo he acep-
tado todas tus convicciones: he aprendido a cultivar la
tierra, sé cazar y fabricar cestos de mimbre, que nunca me
servirán para nada. Tú, en cambio, no te has dignado
jamás interesarte media hora por mis cosas.
LALO.—En eso te equivocas. No tengo una gran prepa-
ración; pero, dentro de mi modestia; he hecho cuanto he
podido por tu ciencia. Le estoy dando lecciones a
Fina.
MARIO.—¡Tú! ¿De Historia Natural?
LALO.—De Historia Natural en relación con la Medicina. Ahora estamos en eso de: «Este grillo que no canta /
algo tiene en la garganta.»
MARIO.—¡Pero, Lalo, si los grillos no cantan con la
garganta! Cantan con las alas.

LALO.—¿Ah, con las alas? Demonio... Entonces esa pobre chica ha perdido el curso.

MARIO *(Volviendo a sus insectos.)*—Nunca harás nada serio en la vida.

LALO *(Después de una pausa reflexiva, con voz profunda.)*—Y lo peor de todo es que tienes razón; nunca haré nada serio. *(Suena dentro un gong de hierro.)* ¡El gong! Llegó la hora de las despedidas. El mejor año de nuestra vida ha terminado. Y ahora... a empezar otra cosa. Dentro de poco, todos estaremos lejos, y separados.

MARIO *(Sorprendido por el tono triste de Lalo.)*—¿Qué te pasa?

LALO *(Reacciona.)*—¿A mí? Nada; a mí no me pasa nunca nada. Dichoso tú, Mario... Dichoso tú, que puedes ser feliz, atando moscas por el rabo.

> *(Entra en la casa. Por la ventana del fondo se ven pasar, en alegres grupos, los estudiantes y trabajadores de la colonia. Llevan ramos verdes, espigas y útiles de labor. Van cantando a coro la canción de Atta Troll. Encarna, que pasa del brazo de un muchacho, se detiene mostrando en alto el pan.)*

ENCARNA.—¡El pan, Mario! ¡Nuestro pan!

MARIO.—¡Chist!...

ENCARNA.—¿Hay enfermos?

MARIO.—Dos fieles enamorados.

ENCARNA *(Tirándole una rosa.)*—¡Para la novia! *(Ríe y sigue su camino. Pausa, mientras se les oye alejarse. Entra Flora.)*

MARIO Y FLORA

FLORA.—¿Tú no vienes?

MARIO.—Ahora, imposible.

FLORA.—Ya. Los escorpios rubios.

MARIO.—¿Los has visto?

FLORA *(Sin la menor ilusión.)*—Sí, muy interesantes... Dime, Mario, ¿es verdad que piensas quedarte?

MARIO.—¿Dónde mejor? Aquí toda la granja es un laboratorio para mí.

FLORA.—Pero yo creo que la vida puede ser algo más que estudiar insectos. Hay el sol, y la risa, y el sabor del mar, y los niños que juegan desnudos...

MARIO *(En las nubes.)*—Sí, desde luego..., también hay niños desnudos claro... ¿Por qué dices eso?

FLORA.—Por nada. *(Pausa. Cantan dentro otra vez.)* Me pone triste oír esa canción... ¿Recuerdas, cuando hacíamos la Balada de Atta Troll? Tú eras allí un oso romántico; estabas enamorado de mí furiosamente... ¿Te acuerdas?

MARIO.—Me acuerdo sí. El oso de Roncesvalles, y el lobo, y el zorro... Era una bonita fábula de vertebrados *(Pausa.)*

FLORA.—Oye, Mario...

MARIO.—¿Qué?

FLORA.—Hemos estudiado siempre juntos. Ahora hemos vivido aquí un año entero. ¡Un año inolvidable! Pero yo no puedo quedar más tiempo. Tú, en cambio...

MARIO.—Yo tengo que terminar mi tesis.

FLORA.—Sí, claro, la tesis... ¿Tendrás tiempo para escribirme alguna vez? Hemos sido compañeros desde niños. Me gustaría saber de ti.

MARIO.—Chist... Mira. *(Indicando el interior de la caja.)* ¡Ya se han cogido del brazo! Es una ceremonia sorprendente. Ah, querida: también la Historia Natural tiene sus anécdotas. ¿Ves aquella tierra? Allí han construido primero la cámara nupcial. Ahora harán la ronda de esponsales alrededor, horas y horas, cogidos de las manos. Después pasarán al camarín y allí se estarán quietos, frente contra frente, hasta el alba. Y por último, al amanecer... la hembra se come al macho.

FLORA.—Muy bonito final.

MARIO.—Es curioso observar esto: en los animales
dimentarios, la hembra es siempre la más fuerte y la que
ma la iniciativa amorosa. El macho es un simple ele-
ento pasivo. ¡Míralos ahora!

FLORA.—Déjame. No me interesan los insectos.

MARIO.—¿No?

FLORA.—No me han interesado nunca. Además, me
an asco. Y la culpa la tienes tú.

MARIO.—¡Flora!

FLORA *(Señalando uno sobre la mesa.)*—¿Tú crees que
n escarabajo tan feo como éste merece la pena perder en
toda una juventud?

MARIO *(Llevándoselo a las gafas.)*—¡Un escarabajo!
ero, ¿qué estás diciendo? ¡Si es la «locusta veridíssima»
e Linneo!

FLORA *(Furiosa.)*—¡Es que no puedo más! La locusta
eridíssima es un escarabajo repugnante. ¡Linneo era un
onstruo! Y tú..., tú... *(Rompe a llorar nerviosamente.)*
o que tú estás haciendo conmigo es insultante!

MARIO *(Espantado.)*—¿Yo?... ¿Qué te hago yo?

FLORA.—¿Pero es que no lo estás viendo? ¿Es posible
ue también tú seas un animal rudimentario? ¡Mario! *(En
n impulso repentino se lanza a él y le estampa un beso en
a boca.)* ¡Estúpido! *(Sale corriendo. Mario se atraganta,
acila, aturdido. Al fin arroja la «locusta veridíssima» y
le detrás a gritos.)*

MARIO.—¡Flora!... ¡Flora!...

> *(Natacha ha contemplado sonriente el final de la escena. Lalo
> entra por donde acaba de salir Mario. Mira sorprendido a Na-
> tacha.)*

NATACHA Y LALO

LALO.—¿Adónde va ese loco?

NATACHA.—¡Hacia la vida!

LALO.—¿Hacia la vida? Pues con esas gafas y esa ma nera de correr, como se le ponga un árbol delante, no llega.

NATACHA.—La que se le ha puesto delante es Flora.

LALO.—Ah, ya...

NATACHA.—¡Otro que se nos va! *(Pausa.)*

LALO.—Y tú... ¿cuándo?

NATACHA.—Yo tengo que terminar aquí mi obra. Le he prometido a estos muchachos una vida libre, y l cumpliré. Cuando puedan tenerla, cuando esta granja se suya, yo buscaré también mi camino.

LALO.—¿Y si esa vida libre la tuvieran ya?

NATACHA.—¿Qué quieres decir?

LALO.—Tengo una cosa que entregarte como despe dida. *(Saca un documento de su cartera.)* Es el acta d cesión a nombre de ellos. La granja es suya.

NATACHA.—¡No!

LALO.—¿Qué era para mí esta tierra? Una ruina aban donada. La doy a los que han sabido trabajarla.

NATACHA.—Pero eso no puede ser... ¡No lo harás ¿No ves que sería echarlo todo a rodar? Yo he venido aqu a hacer una obra de educación. No quieras reducirla a un obra de misericordia. Piénsalo bien, Lalo; un esfuerz más, y ganarán por sí mismos lo que tú ibas a darle hecho. ¿Has visto la emoción que han sentido hoy a comer su pan? Nunca lo habían sentido con el pan d Reformatorio. Dame. *(Toma el documento.)* Hagamo hombres libres, Lalo. Los hombres libres no toman nad ni por la fuerza, ni de limosna. ¡Que aprendan a conse guirlo todo por el trabajo! *(Rompe el documento.)*

LALO.—Está bien, Natacha..., está bien. Pero si ello lo supieran, ¿les parecería lo mismo?

NATACHA.—Hoy, quizás no; están empezando. Al gún día me lo agradecerán.

LALO.—Entonces... ¿hasta cuándo?

NATACHA.—¿Os vais ya? Despídeme de todos... y

no podría ahora. Y que no haya tristeza delante de los muchachos. Vosotros érais el alma... Que no sepan qué amargo va a ser el trabajo a partir de mañana.

LALO.—¿Y yo voy a dejarte así? ¡No, Natacha! Di una palabra y me quedo.

NATACHA.—No puedo todavía. Espera. Vosotros tenéis vuestra vida lejos. Yo tengo aquí la mía.

LALO.—¿Tan poca cosa soy para ti?

NATACHA.—Más de lo que piensas. ¿A qué vendría ocultarlo ahora? Aquí he aprendido a conocerte; aquí te he visto el alma hasta el fondo. Te he visto luchar como lucha un hombre delante de una mujer... Te quiero, Lalo.

LALO.—¡Natacha!...

NATACHA.—Pero déjame terminar mi obra. Necesito todas mis fuerzas para ella. Estos muchachos irán encontrando su camino, y volarán libremente. Aquí quedará Marga. *(Marga, acompañada de Juan, pasa por la ventana del fondo.)* Mírala... Tampoco Marga quedará sola. Cuando esta granja sea suya, y para ese niño que ha nacido en ella, entonces seré yo la que vaya humildemente a tu puerta a preguntarte: ¿Me quieres todavía?

LALO.—¡Te esperaré siempre!

NATACHA.—Gracias, Lalo... Hasta entonces... déjame...

LALO.—Adiós, Natacha... Hasta entonces. *(Le besa las manos. Sale. Pausa. Entra don Santiago.)*

NATACHA Y DON SANTIAGO. *Luego,* MARIO

DON SANTIAGO.—Va a arrancar el automóvil. ¿No sales?

NATACHA.—Lalo me despedirá de todos...

MARIO.—Perdóname... Te había prometido quedarme... Pero yo entonces no sabía...

NATACHA.—No tienes que decirme nada. Quiérela mucho, Mario. Es una gran muchacha.

MARIO.—¿Pero tú sabes? ¡Soy feliz! Te regalo los es corpios rubios. Vigílalos de noche, y escríbeme lo qu haya. ¡Don Santiago!... Adiós, Natacha... Soy feliz, fe liz... *(Sale.)*

DON SANTIAGO.—¿También Mario se va?

NATACHA.—También. ¿Usted?...

DON SANTIAGO.—Yo no; ya lo saben. ¿No me nece sitas ahora contigo?

NATACHA *(Le estrecha las manos.)*—Gracias. ¡Qu amargo es esto, tío Santiago! Sentir cómo el amor estalla nuestro alrededor por todas partes, y cuando una vez no llama, tener que responderle; espera, no he terminad todavía...

DON SANTIAGO.—Lalo sabrá esperar. Lo recordare mos juntos... *(Se oye, lenta y triste, la canción de los es tudiantes.)* ¡Ya se van! *(Se asoman los dos y responden co un gesto de despedida. La voz de Lalo llega desde lejos.)*

VOZ DE LALO.—¡Natacha! *(Ella, en una repentin crisis de llanto, se retira escondiendo el rostro entre la manos.)*

DON SANTIAGO.—Natacha, hija...

NATACHA.—No puedo... Creí que era más fuerte.

DON SANTIAGO.—Pobre pequeña..., estás temblando.

NATACHA.—Temblando, tío Santiago. Con lágrimas sin gloria... ¡Pero estoy en mi puesto!

Telón final

FIN DE
«NUESTRA NATACHA»

NOTAS PARA LA BALADA DE ATTA TROLL

La terraza del fondo, de una anchura de dos metros, tendrá una altura de 60 centímetros, con tres escalones de 20.

El arco central, sólido, de un hueco aproximado de dos metros y medio, será en la Balada la embocadura del teatrillo, cerrándose esta pequeña escena con cortinas laterales, forillo de tela (para permitir una mutación rápida y silenciosa) y cortina delantera, que jugará como telón hacia los lados.

En este tabladillo no jugarán más personajes que el Oso, Mumma y el Húngaro, en el primer cuadro de la Balada, y el Oso solo en el segundo. De uno a otro cuadro, para dar tiempo a la mutación, se repetirá la música de títeres del comienzo, que termina con un largo redoble de tambor.

El Poeta dirá el prólogo desde los escalones, y el resto desde el escenario (a la derecha del público en el primer cuadro y a la izquierda en el segundo.)

La huida del Oso, por el arco de la izquierda. Salida de Mumma, el Húngaro, Lobo y Zorro, por el arco de la derecha.

El arco de ballesta (sin flecha) llevará goma fuerte en vez de cuerda, para dar con el ruido la sensación del disparo.

Toda la Balada (juego escénico, figurines, actitudes y movimientos, recitación, forillos, etc.) tendrá un aire de *ballet* estilizado y fantasista, sin el menor asomo de realismo.

Natacha y los muchachos del Reformatorio presencian la Balada sentados en sus sillas, desde el centro del escenario hacia la izquierda.

Cuando el Oso recuerda la canción de Roncesvalles, la recita sin cantar. Y el estribillo lo cantan en voz baja, casi a boca cerrada, las educandas: como un eco.

La recitación de todos los papeles de la Balada (más acentuadamente en el Poeta) será francamente lírica, rápida y encendida. Triste y lenta en el momento final.

COLECCIÓN BIBLIOTECA EDAF